Couvertures supérieure et inférieure
manquantes

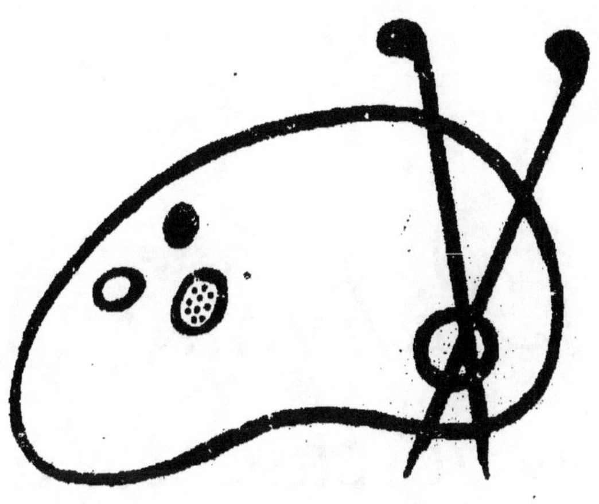

Recherches sur l'État social des Habitants du Comté d'Auxerre en 1666

Par Max. Quantin.

(Extr. de l'Annuaire de l'Yonne de 1888)

Auxerre G. Rouillé

1888.

A Monsieur L. Delisle
membre de l'Institut
Hommage affectueux
Max. Quantin

RECHERCHES SUR L'ÉTAT SOCIAL

DES

HABITANTS DU COMTÉ D'AUXERRE

EN 1666.

IMPÔTS, CULTURES, BESTIAUX, POPULATION.

I.

Les Comté et Election d'Auxerre, réunis définitivement à la Bourgogne en 1435, furent en conséquence soumis au même régime d'impôts que cette province, bien qu'ils eussent conservé leur tribunal de l'élection en matière d'impôts créé par Charles V dès l'achat du comté en 1365. Ce corps recevait des élus généraux les chiffres d'impôts mis sur les villes et villages du Comté, qui étaient ensuite répartis par lui-même au prorata de la population et de ses ressources. La part d'impôt du comté, d'abord au vingt-deuxième de la masse imposée, s'élève progressivement au dix-neuvième et même jusqu'au dixième ; sur des plaintes réitérées des habitants, cette part fut abaissée au quinzième (1).

Comme on l'a vu dans un autre travail sur l'histoire des impôts du comté d'Auxerre, de 1578 à 1585 (2), des lettres royaux adressées aux élus du comté fixaient le

(1) V. dans A. Challe, *Histoire de l'Auxerrois*, t. II, p. 525 et suiv., les détails sur l'organisation des impôts aux x[illegible] et xviie siècles, et *Bull. de la Soc. des Sc.* de 1874, Recherches sur l'histoire des impôts au comté d'Auxerre de 1578 à 1585.

(2) *Bulletin* de 1874, *ut supra*.

chiffre de ces impôts à répartir et à recouvrer sur les paroisses. Ces officiers procédaient ensuite aux opérations nécessaires et des assesseurs, élus dans chaque paroisse, faisaient en conséquence la répartition des tailles sur les habitants.

Mais le recouvrement des impôts à la fin du XVIe siècle, avait été rendu difficile par suite de la ruine du pays, causée par le passage des troupes du roi et de la ligue, par les pillages répétés faits dans les villages par les garnisons, d'un certain nombre de forteresses défendues par des capitaines des deux partis, qui se jetaient sans pitié sur les lieux occupés par leurs adversaires et n'y laissaient que des ruines. Des plaintes universelles en réduction d'impôts étaient, de toutes parts, adressées aux élus généraux de Bourgogne, qui, après le rétablissement de la paix, en 1598, essayèrent d'y remédier par une meilleure connaissance des ressources des populations qui permettrait de répartir plus également les impôts. Des commissaires notables, délégués par les élus généraux, se transportaient dans le comté d'Auxerre et avaient pour mission de visiter chaque paroisse en détail, feu par feu, en présence des autorités des lieux, s'enquéraient du chiffre des impôts, visitaient chaque maison, en décrivaient l'aspect riche, pauvre ou misérable, dressaient le chiffre des feux, énuméraient dans les villes le nombre des officiers royaux de justice et autres, celui des marchands, des artisans, etc., et dans les villages le nombre des gens riches, des gens aisés et des pauvres, enfin le nombre des charrues. Ils entendaient ensuite les plaintes des habitants qui ne manquaient pas de le faire sur leur misère, les ruines de leurs maisons, l'excès des tailles, etc., etc. Tout cela était ensuite consigné sur un procès-verbal qui devait servir aux délibérations futures des élus généraux sur la matière.

Le premier document de ce genre que nous possédions est de l'an 1597 (1). Guillaume Loppin, conseiller à la chambre des comptes de Dijon, le procureur du roi et

(1) Procès-verbal des recherches des feux du comté d'Auxerre dressé par Guillaume Loppin, conseiller à la Chambre des comptes de Dijon, en 1597, etc. Archives de la Côte-d'Or, série C.

le greffier Joly sont délégués par les élus. Ils arrivent de Dijon à Auxerre le 10 décembre et font connaître leur mission à M. Martineau, président de l'élection et du comté d'Auxerre. Celui-ci leur déclare que la ville d'Auxerre est composée de douze paroisses d'étendue très inégale, qu'il énumère, et qui comprennent ensemble 2,400 feux, et que les impôts dans chaque paroisse sont répartis par des assesseurs.

La visite en détail de la ville et des villages a lieu ensuite et fait connaître leur état. C'est un tableau lamentable des ruines causées par les ravages des gens de guerre et qu'il faudra un long temps de paix pour réparer. Nous renverrons les curieux au texte même de ce document, publié par A. Challe dans son *Histoire du Calvinisme et de la Ligue*, t. II, *Preuves*. Les commissaires remplirent leur mission en conscience, et pendant vingt jours, du 10 au 30 décembre, parcoururent les villes et les villages, au nombre de 47, dressant leur enquête, recevant les déclarations des magistrats qui répètent partout la même plainte : pillages, incendies, ruines des maisons par les armées, par les bandes des capitaines des divers partis.

Le service des commissaires pendant le mois de décembre, dans des pays ravagés par la guerre, dut être pénible et rempli de privations. On ne voit pas qu'ils fussent reçus ni par les seigneurs, probablement aux armées, ni par les pauvres curés. Les échevins ou les procureurs de la paroisse répondent simplement à leur enquête. Ces agissements témoignent de l'énergie des délégués des élus de la province. — (Voir l'Etat des feux à la suite du présent mémoire).

II.

Procès-verbal de visite des villes, bourgs, paroisses et communautés du comté et élection d'Auxerre en 1666 (1).

Nous sommes loin, en 1666, des guerres civiles et religieuses, de la Fronde et des ruines que causaient les

(1) Arch. de la Côte-d'Or, C.

armées par leur passage. Le règne du grand roi a rendu la paix à la France et l'ordre y règne partout. Admirablement servi par des ministres comme Colbert et Louvois et par un grand conseil où siégeaient d'Aligre, Talon, Séguier, Boucherat et d'autres hommes éminents, Louis XIV fondait sur des lois générales sa monarchie absolue qui se résumait dans le roi. Mais, si en haut les grandes lignes de l'ordre nouveau se prononçaient majestueusement, le bien-être pénétrait lentement jusqu'en bas et ne s'était pas produit partout d'une manière efficace. Les ruines de presqu'un siècle entier n'étaient pas réparées totalement et la misère existait dans beaucoup de lieux. En Bourgogne, les élus généraux, continuant les errements de leurs prédécesseurs, se faisaient toujours rendre compte de l'état des contrées comprises dans leur régime financier, afin d'apprécier la justesse des réclamations contre les impôts. C'est en parcourant les procès-verbaux de leurs commissaires que l'on peut se faire une idée exacte de l'état social de nos pays, si terriblement éprouvés pendant les guerres civiles précédentes. Nous entrerons de suite dans le détail du sujet au moyen des extraits des procès-verbaux d'enquête des commissaires des élus, que nous résumerons à la suite les uns des autres.

Le 22 août 1666, Girard Bouton, chevalier, comte de Chamilly, élu de la noblesse aux Etats de Bourgogne, et Prosper Banvyn, maître ordinaire en la Chambre des comptes de la province et député des Elus, furent chargés par ceux-ci de « procéder à la visite et recognoissance de l'estat des villes, bourgs, paroisses et communautés du comté et élection d'Auxerre. » C'était la conséquence d'un décret des États des mois de mai et juin 1665, rendu à la sollicitation des maire et échevins de la ville d'Auxerre. Les frais de la visite devaient être payés par la province.

Banvyn avait précédé Girard Bouton de quelques jours à Auxerre, lorsque ce dernier, parti de Dijon le 15 septembre avec son greffier Pierre Borne, arriva dans cette ville le 17, où ils descendirent à l'hôtel renommé de la Grande-Madelaine. Le lendemain 18, les commissaires, qui sont munis de pleins pouvoirs, informent les officiers de l'élection venus à l'hôtel, ainsi que les maire et échevins et le procureur du fait commun, qu'ils se transporteront dans leur chambre pour le fait de leur office, ce qui eut lieu aussitôt. Alors, en gens pratiques qui ne se payent pas d'à peu près, ils demandèrent aux officiers de l'élection les procès-verbaux de visites, sur lesquels ils règlent annuellement les feux des paroisses de l'élection, ceux de leurs chevauchées depuis dix ans, les contrôles des rôles des impositions des villes, bourgs, etc., depuis dix ans, pour sur tous être procédé à la visite du comté.

Le président de l'élection, Jacques Martineau, fort embarrassé, répondit « qu'ils n'avoient aucuns procès-verbaux de visites sur lesquels les impositions estoient par eux départies ; qu'ils sçavoient ce que chaque communauté en devoit porter ; quant aux procès-verbaux de chevauchées, qu'il donneroit ordre pour les faire remettre à notre greffe s'il y en avoit : et de même des contrôles des rolles, mais seulement depuis 1663. »

Les commissaires, de retour en leur hôtel, mandent le procureur du fait commun, qui s'empresse d'accourir, et le chargent d'avertir les magistrats de la ville de se rendre auprès d'eux pour y recevoir les ordres sur ce nécessaires pour parvenir à la visite projetée. En conséquence, le maire de la ville, président au présidial, M. Billard, qui était un homme considérable, transporté de zèle pour le bien public, accompagné de Joseph Lemuet, gouverneur du fait commun, répondent à l'invitation des commissaires. Ceux-ci leur font part de leurs intentions et chargent le procureur de faire publier, le lendemain dimanche 19, aux prônes des paroisses, « à ce que les fabriciens et habitants eussent à s'assembler au son de la cloche pour délibérer entre eux les remontrances qu'ils auroient à nous faire, par escrit, advertir les collecteurs de se tenir prêts pour nous accompagner en nostre visite es maisons desdits habitans, de *pot* en *pot* (1), ainsi qu'il est acoustumé, le lundy 20e du courant, à une heure après midy. »

(1) Vieille locution tirée du latin *postis*, porte : c'est-à-dire de porte en porte.

Les commissaires commencent le lundi par une description de la ville, suivie de l'énumération des institutions religieuses et judiciaires qui y existent, avec le chiffre de leur personnel.

« La ville d'Auxerre est située sur une petite colline entourée de vignes de toutes parts, y ayant peu de terres labourables. La rivière d'Yonne passe au bas de la ville depuis la paroisse Sainct-Père jusques au pied des murailles de l'abbaye de Saint-Germain. Il y a un évesché, les église cathédrale et chapitre soubs le tiltre de Sainct-Estienne, composée de 63 chanoines ; huit paroisses dans l'enclos de ladite ville et quatre aux faubourgs ; de trois abbayes, l'une de bénédictins, sous le tiltre de Saint-Germain, l'autre de Saint-Pierre, chanoines réguliers de Saint-Augustin, et la troisième de Saint-Marien, ordre de Prémontré ; deux prieurés claustraux de Saint-Eusèbe et de Saint-Amatre servant de paroisses ; d'une église collégiale de Nostre-Dame de la Cité ; d'une commanderie de l'ordre de Malte, sous le tiltre du Saulce, et d'un petit hospital ; d'un collège possédé par les R. P. Jésuites ; des couvents des Cordeliers, Jacobins, Capucins et Augustins déchaussés ; de deux abbayes de filles, l'une de Bénédictines, et de Nostre-Dame-des-Isles, dictes Bernardines ; de deux monastères de filles Ursulles et de la Visitation de Sainte-Marie ; d'un bailliage présidial composé de 27 officiers ; d'une élection, composée de 16 officiers ; d'une prévosté de 8 officiers ; d'un grenier à sel composé de 7 officiers ; d'un maistre particulier des eaux-et-forêts, de trois officiers, et des juges-consuls composés de 4 officiers. »

Les commissaires, accompagnés du maire, des échevins et du procureur du fait commun, se transportent ensuite dans chacune des douze paroisses de la ville, y entrent dans l'église et font sonner la cloche pour assembler les habitants, puis ils invitent les collecteurs à les conduire dans toutes les maisons de leur paroisse pour les visiter et entendre les plaintes des habitants. Les collecteurs leur font passer en revue les habitants de toutes les professions, à l'exception du clergé et de la noblesse : officiers de justice, avocats, procureurs, médecins, marchands, voituriers par eau, artisans, vignerons, hôteliers, cabaretiers, les pauvres en grand nombre et les mendiants, tout y passe. L'opération pour la ville d'Auxerre dura du 20 au 28 septembre, sans discontinuer.

Ils se font représenter auparavant les rôles des diverses espèces d'impôts, savoir : ceux de la subsistance et exemption, et du don gratuit extraordinaire et de l'octroi. Ils en relèvent les chiffres les plus hauts, les moyens et les plus bas des diverses cotes.

En même temps, et c'est là ce qui est le plus instructif pour nous, ils constatent les diverses catégories d'habitants dont se compose chaque paroisse, en comptent minutieusement le nombre, puis signalent l'état matériel des maisons, le degré d'aisance ou de pauvreté de leurs habitants.

Nous ne releverons que ce qui a trait aux sujets de l'alinéa précédent, et nous laisserons de côté les articles des cotes d'impôts qui n'ont plus guère d'intérêt aujourd'hui, et n'en donnerons que les résumés généraux (1).

Impôts royaux. — Voici les noms et l'objet des impôts royaux mis sur les paroisses du comté et établis d'une manière variable, les uns sur une paroisse, les autres sur une autre.

La taille royale, assise pour la première fois en 1444, par Charles VII, pour la solde des troupes. Cet impôt est général.

Le taillon, établi en 1549 par Henri II, pour le service des étapes des troupes et la dispense de la nourriture des gens de guerre.

Le don gratuit accordé chaque année par les Etats de Bourgogne au trésor royal.

(1) Jusqu'ici les collecteurs, dans chaque paroisse, étaient chargés, à Auxerre comme dans les villages, du recouvrement des impôts, mais sur le rapport des commissaires des États, fait à la suite de sa précédente visite, Colbert fit rendre un arrêt du Conseil le 31 mars 1667, portant qu'à l'avenir l'assiette des impôts serait faite à l'hôtel-de-ville par vingt prudhommes choisis par les habitants des paroisses, et en présence du maire et des échevins. Le même arrêt ordonna qu'au lieu de 35 collecteurs nommés dans les paroisses pour la levée des tailles, elle serait adjugée au rabais, sinon faite par 4 collecteurs. (Chardon, *Hist. d'Auxerre*, t. II, p. 265).

La taille de l'équivalent, créée en 1583 par Henri III, pour remplacer les droits d'aides qui se percevaient auparavant sur la vente des menues denrées, et dont le montant fut fixé de manière à ce qu'il fût l'équivalent du produit de ces droits. Elle servait à payer les gages des officiers du bailliage et de l'élection.

L'impôt de la subsistance et de l'exemption du logement des gens de guerre.

Il y avait encore l'octroi ordinaire, qui se percevait dans l'origine dans les villes et tirait son nom de l'acte royal *octroyant* la permission de le lever. Un édit du mois de décembre 1652 réserva au roi la moitié du produit des octrois.

Enfin on comptait encore au nombre des impôts l'octroi extraordinaire qui était exceptionnel et de la même nature que le précédent.

Paroisse Saint-Père. — « Nous avons visité les habitans de ladite paroisse, de pot en pot : recognu y avoir 5 familles d'advocats et de vefves d'advocats, 8 procureurs au présidial, 2 notaires, 16 bourgeois, 13 sergens, 4 officiers de la maréchaussée, 6 tant chirurgiens que vefves de chirurgiens, 3 apothicaires et confiseurs, 16 marchans vendans de toutes marchandises, 3 merciers, 18 boulangers et savoniers, 94 vignerons dont il y en a 20 qui cultivent leurs héritages, 20 autres cultivant des héritages à rente, et 15 pauvres vignerons manouvriers chargés de famille, sans meubles et couchant sur la paille, où nous aurions reconnu une grande pauvreté, et néanmoins imposés à 15 livres et 12 livres par an.

« Nous avons en outre trouvé en ladite paroisse 5 pauvres drapiers, 6 hostes et cabaretiers, dont il y en a 2 bons, 2 autres médiocres et 2 vendant vin seulement. — Plus avons recognu y avoir 94 artisans, desquels il n'y a que 4 commodes, 14 médiocrement accommodés et le reste pauvres vivant à la journée. — Plus y avons trouvé 13 voituriers par terre qui cultivent avec deux chevaux quelques terres au tiers, 56 bouchers (1), y en

(1) Ce nombre paraît énorme pour la profession ; il ne faut pas s'en étonner ; sur les 56 bouchers, il faut défalquer au moins 40 garçons « vivant à la journée » et servant les maîtres bouchers. Remarquons qu'autrefois la corporation des bouchers demeu-

ayant 9 d'assez commodes, 6 médiocres et le reste pauvres gens vivant à la journée et sans meubles qui méritent d'en parler. — Plus 50 manœuvres et 50 pauvres mendiants.

« Les maisons de ladite paroisse sont presque toutes de bois, à la réserve de quelques-unes qui sont basties de pierres et de briques ; toutes couvertes en tuiles ; y ayant trouvé 38 maisons ruynées et 5 inhabitées. »

Paroisse Saint-Pélerin. — « Il y a dans ladite paroisse 153 habitans ; 4 marchands, 1 bon, 2 médiocres, 1 mal accommodé ; 8 tanneurs, dont 2 sont commodes ; 2 hostes et 4 cabaretiers ; 2 bourgeois, 1 chirurgien et le reste artisans, vignerons ; 4 femmes veuves, manouvriers et 6 pauvres. »

Paroisse Saint-Pierre-en-Château. — « Nous avons visité toutes les maisons de ladicte paroisse, de pot en pot, et nous avons trouvé qu'elle est composée de 50 habitans, sçavoir : 1 conseiller au présidial, 2 marchands, 4 bourgeois, 1 apothicaire, 2 sergens, et le reste de gens de métier entre lesquels il y a 6 pauvres, 2 exemptés et 17 habitans dont les cotes sont réglées ou abonnées. »

Paroisse Saint-Regnobert. — « Le rôle de la subsistance et exemption de 1663 ayant esté examiné, nous l'avons trouvé si défectueux que nous n'avons pu en tirer un pour certain, pour savoir à quelle somme chacun desdits habitans estoit imposé ; les collecteurs n'ayant tenu aucune règle pour les imposer, ainsy que nous avons recognu par la conférence des rôles des années suivantes : ayant imposé excessivement trois habitans, l'un à 146 livres, l'autre à 119 livres et le troisième à 52 livres.

« Et ayant visité toutes les maisons, nous avons recognu y avoir 104 habitans imposables, sçavoir : 2 conseillers au présidial ; 2 autres officiers ; 4 avocats ; 12 procureurs ; 2 notaires ; 12 marchands ; 3 orphèvres ;

rait tout entière dans la rue de la Boucherie depuis les temps romains, en vertu des lois de police sanitaire de ce peuple, qui rejetaient hors de l'enceinte des villes les métiers insalubres par leurs accessoires. La rue de la Boucherie était au-dessous des murailles de la Cité dont on voit encore des vestiges dans l'intérieur des maisons.

5 sergens ; 7 bourgeois ; 1 hoste ; 20 artisans ; 1 apothicaire ; 2 vignerons ; 2 femmes vefves ; 12 manœuvres ; y ayant en ladite paroisse 2 cotisés d'office, 7 exempts, savoir : 3 officiers de l'élection, la veuve d'un secrétaire du roy, les sieurs Boucher, escuyers, le sieur Balthazard, soy-disant officier de Mme la douairière d'Orléans »

Paroisse Saint-Loup. – « Ladite paroisse est composée de 2 conseillers au présidial, 2 avocats, 1 procureur, et le reste des habitans sont mariniers, compagnons de rivière, artisans, vignerons, quelques cabaretiers, des filles jouissant de leurs droits et 55 femmes vefves de toutes conditions. En laquelle paroisse il s'est trouvé 3 cottisés d'office, 90 réglés ou laboureurs et 40 maisons ruinées et inhabitées. »

Paroisse Notre-Dame-la-d'Hors. — « Il y a en ladite paroisse 355 habitans. Et ayant visité les maisons de pot en pot, nous y avons trouvé 10 officiers du présidial et de la prévosté, 6 autres officiers, 9 avocats, 10 procureurs, 1 médecin et 1 chirurgien, 5 marchands, 15 bourgeois dont il y a 5 de bons, 80 artisans, 9 hostes et paticiers, 78 vignerons et manœuvres, 9 sergens, 2 notaires, 19 femmes veuves d'officiers, 22 femmes veuves d'artisans, et 22 pauvres ; ayant trouvé dans ladite paroisse 12 cottisés d'office, 213 abonnés et réglés et 6 exempts. »

Paroisse Saint-Eusèbe. — « Nous avons reconnu y avoir en ladite paroisse 468 cottisés, le plus haut a 104 livres. Ladite paroisse est composée de 12 principaux cottisés d'office, 5 conseillers au présidial, 11 officiers du grenier à sel, greffiers des juridictions et autres officiers et veuves d'officiers, 15 avocats, 16 procureurs, veuves de procureurs, 6 notaires, 2 bourgeois, 37 marchands merciers ; de 20 tant médecins, apothicaires, chirurgiens, droguistes que confiseurs ; 3 orfèvres, 18 tant hostes, cabaretiers, patissiers, charcutiers que rôtisseurs dits bisetiers ; 106 habitans de toutes sortes de mestiers, 88 vignerons, 7 filles jouissant de leurs droits, 36 habitans que paroissiens pauvres. »

Paroisse Saint-Mamert. — « Il y a dans ladite paroisse 255 habitans, dont 3 conseillers au présidial, 4 avocats, 5 procureurs, 8 sergens, 23 artisans, 38 vignerons, 1 marchand, 2 bourgeois, 9 manœuvres, 1 hoste, 4 femmes veuves commodes, 4 médecins, 21 pauvres habitans, 3 cottisés d'office, 37 dont les cotes sont réglées en abonnement, 9 exempts y compris le curé. »

Paroisse Saint-Martin-les-Saint-Julien, l'un des faubourgs d'Auxerre. — « Suivant le rôle de 1666, il y a 49 habitans composés de 4 musniers qui labourent 10 journaux chacun, de 2 autres laboureurs, 10 vignerons qui sont passablement commodes, de 8 vignerons nécessiteux, 1 maître masson entrepreneur, d'un autre qui cultive les terres de Mme de Saint-Julien, abbesse et dame dudict faubourg, 1 jardinier, 16 manouvriers et 3 veuves ; lesquels ayant visité nous avons trouvé 6 habitans logés en leurs maisons, les bons vignerons ayant quelque peu d'héritages à eux, assez mal meublés ; y ayant environ 100 vaches, dont le tiers appartiennent aux habitans et les deux autres tiers qu'ils tiennent à chetel des habitans d'Auxerre ; les maisons pour la plupart couvertes en paille, en ayant trouvé 5 de ruinées. »

Paroisse Saint-Amatre. — « Avons trouvé dans ledit faubourg, 60 habitans : 2 ou 3 particuliers, commodément meublés, 3 vignerons, charretiers, manouvriers ; y ayant audit faubourg 30 maisons de ruinées tant par un incendie qui y arriva il y a environ quinze ans, que par les gens de guerre. »

Faubourg Saint-Gervais. — « Ce faubourg est composé de quelques maisons estant au bout du pont d'Auxerre, des hameaux de Jonches, Marteau et La Borde ; toute ladite paroisse composée de 45 habitans ; ayant visité les maisons de pot en pot, en ce qui est des habitans proche le pont, nous avons trouvé une femme veuve qui tient hôtellerie commodément logée et meublée, 1 vigneron assez commode et 3 mariniers, et comme les hameaux de Jonches, du Marteau et de La Borde sont esloignés dudit faubourg d'une lieue et d'une lieue et demie, nous avons remis à les visiter lorsque nous procéderons à la visite de Villeneuve-Saint-Salle. »

Paroisse du faubourg Saint-Martin-les-Saint-Marien. — « Nous y avons trouvé 14 habitans, 3 charrues de chevaux, 3 moulins appartenant au chapitre Saint-Etienne, aux religieux de Notre-Dame-la-d'Hors et à ...... du Bois, 3 femmes veuves et 2 vignerons. »

Les commissaires terminent leurs visites en constatant, d'après les rôles, que la ville et les faubourgs d'Auxerre comptaient : en 1663, 2,385 habitants ; en 1664, 2,184 ; en 1665, 2,172 ; en 1666, 2,331.

Après ces longues opérations, où il n'est pas parlé des plaintes des habitants, ce qui paraît singulier, les commissaires, qui avaient reçu dans un certain nombre de paroisses des cahiers de réclamations et « de plaintes de la plus grande partie desdits habitants », les résument énergiquement à la fin de leur procès-verbal. Elles sont topiques et portent sur les abus dans le mode d'imposer la taille, sur les manœuvres des collecteurs qui se déchargent de toute taille ou à peu près ; sur la faveur des officiers de l'élection pour l'abaissement du taux de la taille des « plus puissants », ce qui amène les individus de condition médiocre à se faire taxer par les élus, qui les chargent outre mesure. Les commissaires constatent aussi que les gouverneurs et échevins ne sont imposés qu'à 20 sols par rôle, etc. Mais nous laisserons la parole aux commissaires qui font un tableau sévère des abus qui leur sont signalés.

« Procédant à la visite des susdictes paroisses de la dicte ville d'Auxerre, nous avons reçu les plaintes de la plus grande partie des dicts habitans :

« Premièrement. — Que les cottes d'office, qui n'ont esté introduites par les ordonnances que pour faire payer la taille à ceux ou qui se veullent exempter d'en payer ou qui n'en payent pas suivant leurs facultés, sont à charge aux habitans de ladicte ville, en ce que la plus part des cottisés d'office le désirent pour s'exempter de suporter ce qu'ils pourroient légitimement porter, de sorte que l'on ne se sert des cottes d'office que pour grattifier les puissans au préjudice des médiocres habitans qui suportent les impositions (1).

« Deuxièmement. — Qu'il se commet de grands abus

(1) Les cotes d'office étaient imposées par les Élus qui fixaient le chiffre de la taille une fois pour toutes, de manière à ce que les particuliers ainsi imposés n'étaient pas exposés à voir augmenter leurs impositions. Mais on voit les abus que ce mode de procéder devait amener par la faveur des Elus « à gratifier les puissans. »

dans la confection des rolles en ce que les collecteurs se déchargent de touttes tailles ne s'imposant qu'à six deniers chacun en chacun rolle, soulageant leurs amis et parens à la foulle du pauvre peuple qui gémit sous la pesanteur des impositions qui leur sont données par les collecteurs.

« Ce qui a donné lieu aux plus puissans des paroisses, qui ne sont point cottisés d'office, de se pourvoir aux officiers de l'eslection pour faire régler leurs cottes, mais il se commet de sy grands abus en ces abonnemens de tailles des puissans, que le reste est entièrement accablé, les uns se faisant abonner et régler par le crédict et recommandation qu'ils trouvent auprès des élus particuliers de ladicte élection, les autres divertissant la plus grande partie de leurs meilleurs meubles, contractant des debtes factices pour se faire pauvres en apparence, après quoy estant réglés sur un pied certain, ils font signiffier le règlement annuellement à tous les collecteurs lesquels n'osent excedder leurs cottes, ce qui se continue d'année à autre, y ayant dans la paroisse des particuliers dont les tailles sont abonnées il y a vingt ans et lesquels ont faict de grands proffits soit en la marchandise, soit en la pratique ou en autre profession.

« Lequel désordre en a attiré un autre en ce que les médiocres estant excessivement imposés par les collecteurs, ont été obligés de se faire régler par les élus particuliers, mesme jusqu'à des vignerons, artisans et manœuvres, lesquels estans réglés fort hault, ils sont par là imposés avec exceds, ce qu'estant dans la pluspart des paroisses, les collecteurs se trouvoient obligés ou de jetter toute la taille sur les pauvres ou d'imposer deux ou trois particuliers pour en estre le rejet faict à l'imposition suivante : en effet dans tous les rolles qui nous ont esté représentés et dont nous avons fait mention en chacune des dictes paroisses, il n'y a pas un rolle où n'ayons trouvé des rejects pour des sommes considérables et qui augmentent annuellement les impositions d'un cinquième, par conséquent des non-valleurs au moins de 18 mois. C'est pourquoy, pour les éviter, lesdicts habitants nous ont faict cognoitre que depuis deux ans en ça les collecteurs avoient esté obligés de faire en chacune imposition un régallement, c'est-à-dire qu'après avoir tiré sur le pied de l'imposition ce que chacun cottisé d'office en doibt porter par son jugement, ils cottisent le reste des contribuables des paroisses qui se sont abonnés, à ce qu'ils croyent en leur conscience, après quoy ils régallent ce qui reste à imposer sur les habitans des paroisses à ce que chacun en supporte suivant la sentence par eux obtenue desdicts Elus, nous ayant aparu par tous les rolles et par la visitte que nous avons faicte dans les maisons de tous lesdicts habitants, qu'en effet la plus grande partie des cottisés d'office sont très soulagés ; que les plus puissans qui sont abonnés sont imposés très médiocrement, que les bourgeois, vignerons, artisans qui ont esté forcés de se faire régler. sont imposés excessivement, et que les pauvres qui couchent sur la paille en payent beaucoup au-delà de ce qu'ils peuvent porter.

« Plus nous avons recognu par tous les rolles que les gouverneurs et eschevins de ladicte ville ne sont imposés qu'à 20 sols par rolle ; que les procureurs et scindics des paroisses, conseillers, avocats, sonneurs, officiers de la ville, comme tambours, horlogeurs, libraires et imprimeurs, ne sont point imposés ou sy peu que cela ne mérite pas en faire mention.

« Nous avons aussy recognu que le nombre des collecteurs de touttes les paroisses dudict Auxerre reviennent à 40 personnes, la pluspart desquels n'estant pas payés de leurs rolles par les insolvables, il y a toujours en chacune paroisse deux collecteurs de ruynés.

« Nous ont ajoutés les dicts habitans desclaré que les asseieurs et collecteurs des paroisses, pour n'estre pas imposés l'année suivante selon leurs facultés, ils laissent ordinairement la subsistance et exemption de gens de guerre à imposer l'année suivante, afin que les collecteurs de ladicte année suivante qui apréhendent d'y estre imposés excessivement ou qui espèrent d'y estre gratiffiés, y reçoivent un pareil traitement qu'ils font dans leur rolle de l'année courante aux collecteurs anciens ; en effet, nous avons recognu qu'il n'y a que la paroisse de Saint-Loup qui aye satisfaict à faire les rolles de l'année entière, touttes les autres estant en reste du quartier d'yver et de l'exemption, d'autres de deux impositions ;

ce qui faict des non valleurs et retardement de paiements à la recepte sy considérables, que le tiers des tailles de l'année 1665 est encore deub à la recepte, comme aussy tous les cottisés d'office n'ont payé aucune chose à M. Prix Deschamps, receveur, depuis l'année 1664 qu'il est entré en exercice, quoy qu'ils soient les plus riches de la ville et les moins, pour la pluspart, imposés; auxquels désordres il importe de remédier. »

III.

Visite des paroisses de la campagne.

Seignelay. — Le 29 septembre 1666, les commissaires sont à Seignelay. Ils mandent Jacques Poursin, bailli de la ville, et l'invitent à leur représenter les rôles des années 1664 à 1666, ce qu'il fait. Ils constatent, d'après le rôle de 1665, qu'il y a 197 habitants ou feux d'imposés. Après l'examen des différents rôles, maître François Gouffier, procureur de la communauté et fabricien de l'église, fait aux commissaires le récit de ce que Colbert, seigneur de Seignelay (1) a fait pour ce pays, les établissements qu'il y a créés, etc.

Les commissaires font leur visite.

« Et ayant visité lesdites maisons, de pot en pot, nous avons recognu y avoir audit lieu 25 charrues, 5 desquelles appartenant au seigneur, 8 laboureurs qui labourent leurs héritages d'une charrue, 22 laboureurs métayers qui s'accouplent, n'ayant chacun qu'une cavalle, 93 bons vignerons qui cultivent leurs héritages, 36 médiocres vignerons qui ont quelque peu d'héritages à eux, 10 autres vignerons manœuvres vivant du jour à la journée, 16 manœuvres, 5 hostes et cabaretiers, 2 chirurgiens, 35 artisans entre lesquels il y en a 21 qui nous ont paru pauvres, 4 marchands blatiers, les officiers de la baronnie de Seignelay, 18 femmes vefves, la moitié pauvres, en ce non compris ceux qui travaillent à la manufacture des laynes et soyes; plusieurs femmes vefves nous ayant dit

(1) Voyez au § IV l'article intitulé « Bienfaits de Colbert à Seignelay ».

que M. Colbert, pour les obliger à apprendre à filer et carder la layne, leur avoit fourny de quoy subsister pendant un temps considérable; ayant reconnu y avoir audit Seignelay trois grands corps de logis bastis à neuf, d'une dépense considérable, à ses frais, pour y loger les façonniers, filleurs, cardeurs et autres, sous la conduite de trois maistres.

« Les terres, audit lieu de Seignelay, sont sablonneuses, faciles à labourer, portant du froment, méteil, seigle, orge et avoyne, et y a beaucoup de vignes qui sont d'assez bon rapport; le tiers des maisons couvertes de paille, le reste de tuiles. »

Souilly et Fouchères, hameaux dépendant de la paroisse de Venouse, élection de Saint-Florentin, appartenant à M. l'abbé de Pontigny.,. « Avons reconnu au hameau de Souilly y avoir 4 charrues et à Fouchères 2, tous rentiers des habitants d'Auxerre et lieux voisins ; pauvres, couchant sur la paille; beaucoup de maisons ruisnées. Terres à seigle et de peu de rapport; tiennent tous leur bestail à chetel, n'y ayant aucuns meubles dans les maisons; y ayant quelques vignes audit lieu, de peu de valeur. »

Paroisse de Montigny-le-Roi, composée du village de Montigny, des hameaux de Merry et de la Resle et de trois maisons du village des Bordes, le surplus dépendant de la paroisse de Rouvray, élection de Tonnerre. Il y a 113 habitants. « Les villages de Montigny et de Merry, du domaine du Roy, appartiennent à Mgr le Prince, et les hameaux de La Resle et partie des Bordes à Claude de Morant, écuyer.

« Nous avons visité tous lesquels de pot en pot et avons reconnu y avoir 12 charrues, 5 desquels labourent les terres à eux appartenant et sont passablement meublés, leur bestail leur appartient; les autres sont grangers (1)

(1) Les Grangiers étaient des laboureurs qui cultivaient des terres « à des particuliers d'Auxerre. » C'étaient des espèces de fermiers.

On verra plusieurs fois, dans le cours de ce travail, se reproduire ce fait. Ce n'est pas ici le cas de traiter la question d'origine de la propriété d'une grande partie du territoire de certains villages aux mains d'étrangers au pays et de bourgeois de villes ou de bourgs du comté; cela nous entraînerait trop loin.

Les grangiers tiraient leur nom de celui des *grangiarii*, moines de particuliers d'Auxerre ; possèdent tous néanmois quelques terres et vignes ; 17 vignerons, entre lesquels nous en avons trouvé 2 de commodes, le reste tenant quelques héritages à rente, qu'ils cultivent ; y avons trouvé quelques artisans et 8 ou 10 femmes vefves, le reste manœuvres ou pauvres gens couchant sur la paille. Ont environ 100 ou 120 vaches, dont le tiers appartient aux habitans ; la communauté doit 1,600 livres en principal ; les maisons sont couvertes de paille, le tiers appartient aux habitans et les deux autres tiers aux habitans d'Auxerre. Il y a trois exempts au rôle : Claude Lenferna, escuyer, Claude de Morant, seigneur de La Resle, aussy escuyer, et la demoiselle des Borde, vefve. »

Villeneuve-Saint-Salve. — « Il y a dans la paroisse 27 habitants ; les ayant visité de pot en pot, nous n'y avons trouvé aucuns meubles, la plupart couchant sur la paille ; y ayant 6 charrues et demie, un mestayer ayant le bétail à soy, le reste le tenant à commande. La communauté ne devant aucune chose, n'ayant point de communaux ny usages, les terres à seigle, la dyme de blé et de vin se paye de 18 gerbes et muids de vin.

Chemilly. — « Dudit Villeneuve, nous sommes allés coucher à Seignelay, et le lendemain, 3 octobre, nous sommes allés en la paroisse de Chemilly. Edme Bouquin, procureur fiscal nous a dit que le châpitre d'Auxerre est seigneur haut justicier dudit Chemilly et du fief appelé la Villotte, possédé par Georges de La Villotte. Les terres dudit finage sont sabloneuses, faciles à labourer, la dîme et cens de 16 l'un, tant en bled qu'en vin est admodié en bled 220 bichets et 18 muids de vin. La communauté ne doit rien. Il y a 6 charrues à deux chevaux chacune, qui sont la plupart divisées, n'y ayant qu'une jument en chacune maison ; 8 vignerons dont il y en a 2 qui paroissent plus commodes que les autres, le reste manouvriers, pauvres vefves qui couchent sur la paille ; point d'exempts que la vefve d'Edme de la Villotte, écuyer, et Georges de la Villotte, sonfils. »

Beaumont, paroisse de Chemilly. — « Nous avons re-

convers qui, au moyen-âge, cultivaient les biens ruraux des monastères et en recueillaient les produits dans des granges, *grangiæ*, bâtiments de fermes destinés aux grains, *grana*.

cogneu y avoir 88 habitans. Le sieur Blondeau, lieutenant, nous a déclaré que la disme ordinaire appartient au chapitre d'Auxerre, au vingt-quatrième; que les terres estoient chargées d'un droit de tierce envers le seigneur, qui est de 12 gerbes l'une; que les vignes estoient en propre aux habitans, chargés de redevances envers les chapelains et le seigneur de Seignelay. Ayant visité lesdits habitants de pot en pot, nous y avons trouvé 4 bons laboureurs logés en leurs maisons, qu'ils labourent leurs héritages et façonnent leurs vignes, passablement meublés, l'un desquels est réputé commode; 13 vignerons entre lesquels il y en a 3 que nous jugeons estre pauvres et 3 autres commodes, le reste assez commode; 20 laboureurs métais qui ont chacun une cavalle et qui composent une charrue, ... sans un musnier, 9 manœuvres, 11 pauvres, 13 femmes vefves, entre lesquelles il y en a 3 pauvres. »

Gurgy. — « M. Baudesson, curé de ladite paroisse, nous a dit qu'elle appartenoit à M. de Brienne, abbé de Saint-Germain d'Auxerre, que la paroisse est composée du village de Gurgy et des hameaux de Pien et de Sougères. Nous avons reconnu, par le rôle, y avoir 81 habitants imposés en 1665 et 79 en 1666. Nous avons visité le lieu de Gurgy de pot en pot et recogneu y avoir 10 charrues de chevaux de deux à chacune, 4 charrues de deux chevaux chacune, et à Sougères 9 charrues de deux chevaux chacune, le surplus sont vignerons et manœuvres; ayant seulement recognu y avoir deux laboureurs qui labourent à eux et un vigneron, le surplus sont artisans et pauvres qui, n'ayant aucun meuble, couchent sur la paille; ne doivent aucune chose en corps de communauté audit Gurgy; se lève le disme de 24 gerbes l'une et de 30 muids l'un, le seizième à Sougères, le vingt-quatrième dudit bled et le trentième du vin; ont quelques communaux en bruyères avec ceux de Seignelay et autres. Il y a trois fiefs à Sougères dépendant de Seignelay. Nous n'avons reconnu à ladite paroisse qu'un exempt, le sieur Lenfernat, écuyer, de La Motte-Gurgy. Après quoy nous nous sommes retirés à la ville d'Auxerre, ledit jour 3 octobre. »

Augy. — « Le 7 dudit mois d'octobre, nous sommes sortis d'Auxerre pour aller à Augy, où estant, Jacques

Baudemont, procureur-fiscal, nous a déclaré que le village d'Augy appartenoit à M. de Lambert, à cause de son marquisat de Saint-Bris, que le disme se lève de 20 gerbes l'une, à l'égard du vin qu'il ne s'y lève aucun disme; que la communauté possède deux îles, une perrière et corps du grand rû en communal. Ladite paroisse est située sur la rivière d'Yonne, ayant des costaux des deux costés où il vient du bon vin; les terres sont à méteil, seigle, orge et avoine; par les rôles de 1666, nous avons reconnu qu'il y avoit dans ladite paroisse 75 habitans. Par la visite que nous avons faite de pot en pot, nous avons reconnu y avoir 15 charrues dont 8 labourent leurs héritages et façonnent leurs vignes, les autres sont métayers des particuliers d'Auxerre; 30 vignerons, desquels 8 façonnent leurs héritages, 10 qui sont partie journaliers et partie propriétaires, les autres sont vignerons journaliers et d'autres simples manouvriers; ayant trouvé les bons laboureurs et vignerons passablement logés et meublés, suivant leur condition, les autres mal accomodés, les maisons couvertes de paille et de tuiles. »

Saint-Bris. — « Dudit Augy, nous nous sommes acheminés en la ville de Saint-Bris... Les habitans assemblés au son de la cloche, Me Etienne Espaullard, lieutenant au marqnisat, nous a dit que ladite ville de Saint-Bris appartient à M. de Lambert, marquis dudit lieu; que le disme pour le blé se lève de 16 gerbes l'une, peut valoir 200 bichets évalués 400 livres; ne se lève aucun disme sur le vin; les terres sont légères, de peu de rapport, portent méteil, seigle, orge et avoine; pays de vignobles, pouvant y avoir 12 à 1,300 arpents de vignes qui produisent par communes années 3,000 muids; le tiers des héritages appartient aux forains; doivent en corps de communauté 51,200 livres; ont environ 100 arpents d'usages pour leur pâturage du bestail. D'après le rôle de 1666, nous avons reconnu y avoir 397 habitans. Par la visite que nous avons faite de pot en pot, nous avons reconnu que ladite ville est composée d'un bailli, un lieutenant, 7 procureurs, 6 marchands, quelques merciers, peu d'artisans et bien 300 vignerons et plus, dont 50 façonnent leurs héritages, outre 50 médiocres et le reste pauvres journaliers ; quelques artisans et manouvriers ; avons trouvé 150 maisons où il n'y avait point de lits, couchant sur la paille et sans meubles. »

Cravan. — « Les échevins Zacharie Petit et Pierre Desboué nous ont dit que ledit lieu de Cravan appartient au chapitre Saint-Etienne d'Auxerre ; le disme leur appartient et se lève de 15 muids l'un et de 15 gerbes l'une ; qu'il se lève un octroy sur le vin, qu'on appelle le petit acquit, estant de 5 deniers par muid qui passent sur la rivière, finage et banlieue, lequel s'amodie 80 livres par an ; et, en outre, le grand acquit sur chaque train de bois, qui se lève à raison de 5 sols et s'amodie 400 livres, duquel le roy s'est emparé de la moitié.

« D'après le rôle de 1666, nous avons reconnu y avoir à Cravan 333 habitans ; et ayant visité ledit lieu de maisons en maisons, nous avons reconnu qu'il est composé des officiers de justice, 5 procureurs, 3 sergens, 6 bourgeois, 3 chirurgiens, 2 apoticaires, 4 marchands, 17 laboureurs dont il y en a 3 de commodes, 25 vignerons cultivans leurs héritages, 30 vignerons médiocres ayant quelques héritages à eux, 54 vignerons manœuvres sans aucuns meubles, couchant sur la paille, 23 journaliers, 8 voituriers par eau, 44 compagnons de rivière, ne vivant que de leur travail, 40 artisans de toute sorte de métiers, 5 hostes et cabaretiers, 30 habitans fort pauvres, beaucoup de maisons ruinées et 14 inhabitées. »

Vincelles. — « Les collecteurs, devant les habitans assemblés, nous ont dit que ledit Vincelles appartient à Jacques de la Couldre, écuyer, que les dismes sont de 25 gerbes l'une et sur les vignes un sol par arpent ; le disme de bled peut valoir 140 à 160 bichets ; que les terres s'ensemencent de méteil, seigle, orge et avoine ; que la communauté ne doit aucune chose, point de communaux, les habitans possédant environ le quart des héritages et qu'il peut y avoir 60 arpents de vignes.

« Ladite paroisse est située sur la rivière d'Yonne ; il y a 98 habitants imposés. Ayant visité la paroisse de pot en pot, nous avons reconnu qu'il y avoit 10 charrues dont 4 labourent leurs héritages, les 6 autres sont métayers, 7 bons vignerons, 13 manœuvres, 6 artisans, 4 vefves, 2 pauvres et 2 maisons inhabitées. »

Sainte-Pallaye. — « La paroisse appartient aux enfans mineurs de François des Blain ; les dismes de bled et de vin appartiennent au curé et se lèvent de 30 l'un ; s'amodient 60 bichets par quart et le vin 4 à 5 muids ; les terres sont possédées par le seigneur, le sieur Grandjean, de Cravan, et autres particuliers des lieux voisins, et le quart par les habitans de la paroisse qui possèdent aussi la moitié des vignes qui consiste à environ 50 arpents, l'autre moitié estant aux forains ; et pour leurs maisons ils les tiennent à rente avec partie des vignes, n'ont aucuns communaux et ne doivent rien. Le rôle de 1666 porte 66 habitans. Nous avons reconnu qu'il y avait 5 charrues complètes, la plupart métayers et quelques-uns d'eux labourent des terres qu'ils possèdent à rente, 10 vignerons, les autres manouvriers, artisans et quelques vefves ; les terres à seigle, méteil et orge. »

Vermanton. — « Les habitans assemblés, M. Simon Bardet, procureur du roy, nous a dit que ledit bourg appartient en partie à M. le prince, par engagement du domaine de Sa Majesté, au commandeur du Saulce de la ville d'Auxerre, au curé de Vermanton, à la demoiselle vefve M. Jean Rodot, demeurant à Paris, à M. de Chastenay, à cause de sa femme, et s'appellent lesdites justices celles du roy, de Rigny (1), l'Hôpital, terres de Bazarne et Courtenay. Les moulins dudit lieu sont tenus en fief par ledit sieur de Chastenay, par les sieurs de Bounon, avocats du roy. Le disme se lève de 15 gerbes l'une et 6 deniers par arpent de vignes ; doivent en corps de communauté 22,600 livres aux sieurs Martinot, d'Avallon, et Garnier, de Joux ; n'ont aucuns communaux.

« Le pays est de vignobles, situé sur la rivière de Cure, le pont duquel bourg est ruiné il y a longtemps. Il y a 464 habitans d'imposés, y compris les hameaux et les résidants de l'abbaye de Rigny. Par la visite que nous avons faite de maison en maison, nous avons reconnu qu'il y avoit audit bourg 5 à 6 charrues de labeur dont 3 de métayers, 5 officiers, 3 notaires, 8 marchands, 2 bourgeois, 31 bons vignerons logés et meublés commo-

(1) L'abbaye de Reigny, ordre de Citeaux, située sur la Cure, au-dessus de Vermenton.

dément, 87 vignerons médiocres qui possèdent quelques héritages, mais non en si grande quantité qu'ils se puissent exempter d'aller quelquefois en journée ; 53 manœuvres, 56 artisans, 4 hostes et bouchers, 12 compagnons de rivière, 28 vefves, entre lesquelles il y en a 3 ou 4 commodes, 7 maisons inhabitées et 30 pauvres manœuvres couchant sur la paille. Les terres dudit lieu sont propres à porter méteil, orge et avoyne. »

Lissy ou Lucy-sur-Cure. — « Le procureur d'office en la justice dudit Lissy nous auroit dit que la dame abbesse de Crizenon a toute justice hautte, moyenne et basse dans ladite paroisse, à la réserve d'une petite portion appartenant au sieur de Chastenet, appelée la justice de Lye (1). La plupart des terres sont possédées par des habitans d'Auxerre et de Vermanton et quelque peu par les habitans du lieu, lesquels possèdent encore grande partie de leurs vignes, qui sont la plupart chargées de rentes, ainsy que leurs maisons ; quelques habitans possèdent leur bestail, mais la plus grande partie le tiennent à chetel ; y ayant 5 charrues complettes ; la communauté en corps ne doit rien ; elle possède environ 50 arpens de bois en communaux, dont les deux tiers sont en broussailles.

« Nous avons reconnu, par la visite faite de maison en maison, qu'il y a 2 laboureurs qui cultivent leurs héritages, commodément meublés, et 3 autres charrues de métayers, l'un desquels nous a paru commode ; 3 vignerons médiocres et le surplus vignerons, manœuvres, vefves et pauvres gens. Il y a sur le rôle 42 habitans. »

Arcy-sur-Cure. — « Barthélemy Huot, procureur des habitans assemblés, déclare que le lieu est composé du Vau-d'Arcy, de Bois-d'Arcy, de Sauvin et du Beugnon. Le bourg d'Arcy appartient à Réné d'Aulnay, escuyer ; le Vau-d'Arcy au sieur de Chastenet fils, la partie du Vau-d'Arcy étant dans l'enceinte du vieil château ; le Bois-d'Arcy et Sauvin au sieur de Digoine, et le hameau du Beugnon à la dame de Ruère, en Nivernois, mère du

(1) Lye, petit fief situé sur la commune de Lucy-sur-Cure. Les Lemuet étaient possesseurs de ce fief au dernier siècle.

sieur de Chastenay. Le disme se lève de 30 gerbes l'une, appartient à l'archidiacre de Vézelay et au curé dudit Arcy. Les terres sont chargées d'un quinzième envers les seigneurs. La rivière de Cure partage le bourg et le Vau-d'Arcy, sur laquelle il y avait un pont de pierre pour la communication des villages et hameaux de la paroisse et aussy pour le passage et communication du Nivernois, Auxois et Auxerrois, lequel est tombé depuis quelques années, qui nous a paru ruyné entièrement, ce qui incommode de telle sorte lesdits villages qu'ils ne peuvent charroyer les édifices (*sic*) dans les héritages, tirer les foins et gerbes qu'avec une incommodité considérable, ce qui fait que la plupart des terres sont en mauvaise façon; ne pouvant, les habitans dudit bourg, aller à l'église pendant les grandes eaux, y ayant eu les années dernières un bateau d'enfoncé, par la perte duquel il y eut 15 habitans de noyés en retournant de la messe; qu'ils ont des communaux qui consistent en bois raffeaux, où le bestail va pasturer, et une pièce de terre appelée le *Champ des Enfans*, situé en l'hameau du Beugnon, contenant environ 100 arpents de terre, desquels ayant fait abandon au sieur d'Aulnay, à condition de réparer ledit pont qui menaçoit de ruine, la dame de Ruère, dame de Beugnon, s'y étant opposé, ledit sieur d'Arcy remit son droit à ladite dame, qui jouit actuellement desdites terres en valeur de 400 livres de rente, sans qu'elle ayt fait aucune réparation audit pont, occasion pourquoy ledit pont est tombé, etc. La plupart des héritages étant possédés par les seigneurs et quelque peu par les habitans. Les maisons du bourg sont couvertes de paille en bonne partie, le reste de tuiles, y ayant au moins 60 corps de logis de brulés avec leurs granges et estables par un incendie qui arriva il y a environ trois ans.

« Sur le rôle de 1666, il y a 170 habitans. Nous avons visité lesdits habitans de pot en pot et nous avons reconnu y avoir 3 officiers, 12 laboureurs, la plupart métayers, 65 manœuvres, 13 artisans, 3 mineurs et 5 vefves, y ayant eu bien 120 tant maisons que granges brulées il y a environ deux ou trois ans, dont la plupart des habitans sont contraints de loger dans des huttes qu'ils ont appuyées contre le pignon des maisons bruslez, comme nous l'avons reconnu. »

Sery. — « Les collecteurs nous ont dit que ledit lieu appartient à M. de Culan ; les dismes se lèvent au trentième, tant de grains que de vin, les vignes chargées d'un sol de cens par arpent ; les habitans possèdent environ le tiers du finage, chargé de rentes ; les maisons sont couvertes en paille. La communauté ne devant rien, il n'y a aucuns communaux ; les terres sont à froment, méteil et seigle, y ayant une petite prairie dont les habitans n'y possèdent rien. Il y a 54 habitans. Nous y avons trouvé 8 charrues, deux desquelles labourent la moitié leurs terres et les autres sont métayers, 18 manœuvres, entre lesquels il y a quelques vignerons, 8 compagnons de rivière, 4 artisans, 3 vefves et 9 pauvres ; n'ayant trouvé dans toute ladite paroisse que deux ou trois maisons garnies de lits et quelque peu de train, le reste couchant sur la paille, qui nous a paru fort pauvre. »

Mailly-la-Ville. — « Les habitans assemblés, Estienne Regnard, l'un d'eux, nous a dit que le lieu appartenoit à M. le prince de Conty en la justice totale dans le lieu où est située l'église, le grand bourg appartient audit seigneur ; Georges de Regnier, sieur de Prunières, a portion de justice séparée conjointement avec M. Digoine, héritier du feu sieur du Bouchet, et le sieur de Violène, laquelle portion est appelée la *Justice de la Cour* (1), qui se partage, sçavoir, le sieur de Regnier les trois quarts, les sieurs de Digoine et de Violène l'autre quart. Il y a encore justice appartenant au sieur Desjoyes, à cause de sa terre de Lésigny. Ledit seigneur Prince a la justice haute et moyenne dans Avigny, l'abbé de Vézelay la basse, etc. Les héritages sont possédés par les seigneurs, pour la plupart, et les habitans en possèdent environ le tiers, qui sont chargés de rentes ; ont environ 200 arpents de bois.

Suivant le rôle de 1666, il y a 145 habitans imposés ; il y a 20 charrues, desquelles 5 sont propriétaires et les autres métayers, 2 miniers, 20 manœuvres, 16 artisans, 3 compagnons de rivière, 5 vefves et 15 pauvres, ayant

(1) La Cour des Maillys est un petit manoir du XVIe siècle situé sur la rive gauche de l'Yonne, qui a conservé tout son caractère militaire. En 1512, il appartenait à François Boisselet qui en fit hommahe au Roi. Voy. *Catalogue de titres féodaux*, *Bull. Soc. des Siences de l'Yonne*, 1883.

esté le hameau de Lézigny entièrement brûlé, n'estant resté que 3 maisons de 12, et leurs bleds entièrement perdus, etc.

Mailly-le-Château. — « M. Adrien Baudouin, procureur du roi, en présence des habitans, nous a dit que la paroisse est composée de Mailly-Château et des dépendances, le bourg de Mailly, le Champ au-Gras, Malassise, les Bordes et Maupertuis, Charmoy, Malvoisine et la métairie des Raboulins ; Mailly-Château, le bourg, le Champ-au-Gras et Malassise appartiennent au seigneur prince de Conty, les Bordes et Maupertuis au sieur Desjoyes pour les deux tiers et l'autre tiers au sieur Douja, d'Auxerre. Charmoy dépend de l'abbaye de Crisenon, Malvoisine au seigneur de Mivry, et Jacques Doiseau a la justice censive en la métairie des Raboulins.

« La communauté doit 2,400 livres. Les héritages sont possédés par la dame de Crisenon et par celui qui jouit de la Maladière, le reste est aux habitans. Le territoire ne porte que du seigle, que nous avons reconnu stérile. La rivière d'Yonne passe auprès du château, où il y a un pont de pierre qui est prêt de tomber.

« Les rôles de 1666 portent 176 habitans. Par la visite que nous avons faite de pot en pot, nous avons reconnu y avoir 2 officiers, 1 marchand considérable, riche, 14 charrues entre lesquelles il y a plusieurs métayers, 7 vignerons façonnant leurs héritages, 32 artisans, 50 manœuvres, 1 chirurgien, 3 hostes, 5 drapiers, 15 compagnons de rivière, 12 vefves dont 4 sont pauvres, 3 muniers et 17 pauvres ; n'ayant trouvé en la maison des manouvriers et de quelques artisans aucuns meubles, couchant sur la paille. »

Merry-sur-Yonne. — « La paroisse est composée de Merry-sur-Yonne, Magny, le Lac de Merry, les maisons de M. Guillaume la Rippe, Ravereau, le bois de Fourneau, la Croix-Ramonnet, Vaucoupeau et le Saussois ; que les enfants mineurs de feu Anthoine de Veilhan, baron de Géry, sont seigneurs de Merry, etc.

« Ravereau est aux Chartreux de Basseville, tous les dixmes appartiennent au sieur curé qui se lèvent de 20 gerbes l'une, s'amodient 500 bichets, toutes les terres sont chargées d'un quart de froment par arpent, 2 picotins d'avoine et 2 sols en argent. Les maisons assez chargées de poules, les laboureurs doivent 1 bichet d'avoine de bourgeoisie et les manœuvres chacun 5 s. ; les héritages sont possédés par les habitans à ces charges, à la réserve des terres des seigneurs ; tiennent tout leur bestial à commende, et n'ont aucuns communaux.

« En ladite paroisse il y a 125 habitans : nous y avons reconnu 4 officiers, dont 2 ont quelques commodités, et la vefve d'un lieutenant assez bien meublée, 6 laboureurs qui cultivent leurs héritages d'une charrue chacun, 23 charrues de métayers complètes, 2 cabaretiers assez commodes, 1 sergent qui vit de son bien, 10 vefves, entre lesquelles y a 2 commodes, le reste médiocre, 5 vignerons, 4 manœuvres, 16 tant flotteurs que compagnons de rivière, 7 artisans, 2 meuniers, 10 pauvres, beaucoup de maisons ruinées et plusieurs habitans qui couchent sur la paille. »

Crain et Misery. — « Gabriel Rocher, sergent royal nous a dit que la paroisse est composée du village de Crain et de l'hameau du Pannier, ledit village de Crain appartenant à M. Dominique de Longueville, seigneur de la Maison-Blanche, pour les deux tiers, l'autre tiers est à Pierre et Claude Rocher, Jacques Doiseau et Henriette de Beligny ; laquelle seigneurie vaut 8 à 900 livres de rente. Misery et la Grange-Folle appartiennent à Jean le Bourgeois, seigneur de Folin ; le disme de ladite paroisse appartient moitié au sieur de Folin, l'autre moitié au chapitre de Chastel-Sensoy et au curé ; il se lève de 20 gerbes l'une ; les terres sont possédées partie par les seigneurs et par les habitans de Collange-sur-Yonne ; les habitans du lieu n'en possèdent que le tiers, icelles chargées de 2 bichets, 1 boisseau et quarte. Il y a environ 7 charrues, la communauté ne doit rien. Ils ont des communaux avec d'autres communautés, où ils ont peine à trouver pour leur chauffage ; les terres sont à méteil, seigle, orge et avoine ; il y a 2 moulins et peu de vignes.

« Sur le rôle des garnisons de 1666 il y a 126 habitans ; par la visite que nous avons faite de maison en maison, nous avons reconnu qu'il y a 4 officiers, 6 laboureurs cultivant leurs héritages, 11 autres laboureurs métayers, 11 artisans, 22 manœuvres, 55 flotteurs et gens de rivière, 1 cabaretier, 8 femmes vefves, 13 pauvres et 2 muniers. »

Coulange-sur-Yonne. — « Ont comparu par devant nous MM. Lazare Camelin et Toussaint Perrin, échevins, qui nous ont dit que ledit lieu appartient à Jean le Bourgeois, seigneur de Folin, engagiste du domaine du roy, qui possède en outre le fief des Grands-Vergers, acquis du sieur d'Asnus depuis six ans, relevant en plein fief du roi ; les moulins sont en fief possédés par le sieur de Ris, lieutenant en l'élection de Vézelay. Le disme se lève de 25 gerbes l'une, qui appartient par moitié à M. l'évêque d'Auxerre, aux chapitres de Châtel-Sensoy, Clamecy et aux curés de Coulange et Crain ; qu'ils doivent en corps de communauté environ 30,000 livres en principaux de rentes, jouissent de l'octroi de la courte pinte, amodié 400 livres pour 5 ans. Les terres sont propres à porter méteil, seigle et orge, une partie appartient aux habitans et le reste à divers seigneurs ; ont quelques bons communaux. Nous avons reconnu par le rôle de 1666 qu'il y a 200 habitans, avons remarqué par la visite faite de pot en pot, qu'il y a 8 officiers, 5 laboureurs métayers, 15 marchands, 37 artisans, 40 manœuvres, 5 cabaretiers, 20 voituriers par eau, 22 flotteurs et compagnons de rivière, 3 praticiens, 3 sergens, 6 vignerons, 20 femmes vefves et 8 pauvres mendians. »

Festigny. — « Ledit Festigny appartient à M. d'Anlezy ; qu'il s'amodie 400 livres ; que le disme à Dieu se lève de 20 gerbes l'une qui vaut 90 bichets, celui du seigneur se lève à 20 gerbes l'une et fait partie de ses fermes. Les terres sont à méteil, seigle et orge. Les habitans en possèdent en propre environ 50 arpents chargés d'un sol par arpent, point de communaux, sinon quelques petits usages. Il y a 40 habitans. Nous avons trouvé, de maison en maison, 7 charrues complètes dont 5 sont métayers, les deux autres labourent leurs héritages ; le surplus des habitans est composé de flotteurs, voituriers, compagnons de rivière et femmes vefves, aux maisons desquels habitans avons vu peu de meubles. »

Courson. — « M. François Bougne, procureur d'office, Loup Bard, Nicolas de la Perrière et Jean Godard, échevins, nous ont dit que le lieu appartient à M. le comte de

Courson ; que le disme se lève au trentième, lequel vaut 200 bichets par commune année, duquel le chapitre de la Cité d'Auxerre a deux portions de cinq, une au curé dudit lieu, une au chapelain de Sainte-Apolline, et l'autre au seigneur. Il en est de même de celui des vignes. Les terres sont à méteil, seigle, orge et avoine ; ont des usages pour leur chauffage et pasturage dont ils possèdent seulement la moitié, l'autre est possédée par des étrangers. Ils doivent 1,000 livres de communauté. Ledit bourg a été bruslé deux fois, en 1655 et 1662, dont 80 tant maisons que granges ont été consumées. Il y a 179 habitans. Par la visite que nous avons faite de pot en pot, nous avons trouvé 7 officiers, 8 laboureurs, 11 métayers, 30 artisans, 54 manœuvres, 7 femmes vefves, 5 cabaretiers, 1 musnier et 16 pauvres dont aucuns mendient leur vie. »

Fouronnes et Asnus. — « Ledit lieu d'Asnus appartient pour la moitié à Charles de Boulainvilliers, le tiers de l'autre moitié à Louis de Demant, seigneur de Villiers-le-Sec, et les deux autres tiers de ladite moitié à la demoiselle Marie Richer, veuve du sieur Foudriat, au sieur Conseiller Marie et à la dame de La Barre ; que le disme se lève de 14 gerbes l'une, que les habitans possèdent environ le sixième de leurs héritages et le surplus est aux seigneurs et particuliers d'Auxerre ; ils n'ont point de communaux.

« Pour Fouronnes, Gilles, l'un des habitans nous a dit qu'il appartenoit pour la moitié audit Charles de Boulainvilliers, un quart à Louis de Meun de La Ferté et l'autre quart à la veuve de Jacques de la Barre. Le disme se lève de 36 gerbes l'une qui est au curé, et en outre de la tierce qui est de 14 l'un pour les seigneurs. Il y a quelque peu de terres à froment et le surplus orge et avoine. Les habitans ne possèdent en propre que la 6e partie des héritages, le reste est aux seigneurs et à d'autres particuliers d'Auxerre. Ils sont sujets au four bannal et peuvent avoir 60 arpens de communaux qui sont en broussailles. Il y a à Fouronnes 97 habitans, 20 charrues, savoir, 4 qui sont propriétaires, les 16 autres sont métayers ; 7 artisans, 26 manœuvres et 12 vefves. La plus grande partie des habitans nous ont paru fort pauvres, n'ayant point de meubles et couchant sur la paille. »

Fontenay. — « Adam Barberoux, l'un des habitans, nous a dit que ladite paroisse appartenoit au sieur de Sainte-Palaye. Le disme au trente-sixième, le pays est montueux, fort stérile, les terres à seigle. La communauté ne doit rien et a quelques communaux. Les habitans possèdent seulement le quart de leur finage. Il y a 41 habitans. Ayant ensuite fait la visite de maison en maison, nous avons remarqué qu'il y avait 8 charrues de métayers, 15 manœuvres, et le reste vefves et pauvres gens, tous lesquels nous avons trouvés fort pauvres et sans meubles, couchant sur la paille. »

Migé. — « Les habitans assemblés nous ont dit par Philibert et Eusèbe Gauthier que ledit lieu est composé du bourg de Migey, Prémereau et Nanteau, appartenant à M. le comte de Courson, qui s'amodie 1,400 livres ; le disme se lève de 30 gerbes l'une qui appartient au curé, lequel peut valoir 200 bichets de blé ; il ne se lève aucun disme sur les vignes, desquelles la plus grande partie sont à dix particuliers d'Auxerre ; les habitans ne possèdent que le quart de leur finage ou environ ; qu'ils doivent en corps de communauté 6,000 livres au sieur marquis d'Espoisses, dont il y a 9 années d'arrérages qui sont eschus ; n'ont point de communaux. Il y a 170 habitans ; nous avons remarqué, dans la visite que nous avons faite, 20 charrues dont 5 sont propriétaires et les autres métayers, 10 bons vignerons et 21 médiocres, 25 autres qui sont journaliers, 12 artisans, 3 bourgeois, 1 hoste, 41 manœuvres et 9 vefves, lesquels laboureurs, partie des mestayers, vignerons et artisans nous avons trouver logés et meublés assez commodément suivant leur condition. »

Mouffy. — « La paroisse appartient à M. le comte de Courson, le lieu est vignoble, les terres sont stériles, les dismes au curé. Celui des grains qui se lève de 25 gerbes l'une peut valoir 80 bichets et celui de vin 8 muids. La plupart des habitans sont grangers, ils ne doivent rien en corps, n'ont aucuns communaux. Il y a 46 habitans ; ayant fait ensuite la visite de maisons à autres nous y avons remarqué 12 charrues et demie dont 3 cultivent leurs héritages, le reste des habitans estans manœuvres, vefves et pauvres gens, sans meubles, couchant sur la paille. »

Fontenaille. — « Les habitans assemblés, Adrien Perrin, l'un d'iceux, nous a dit que la paroisse appartient à Jacques de la Coudre, que le disme s'y lève au trentième et s'amodie 60 bichets, et 2 muids de vin ; les terres sont à froment, méteil, orge et avoine, dont ils jouissent de la moitié, l'autre moitié appartient à des particuliers d'Auxerre ; les maisons sont couvertes de paille et basties de pierre ; aucuns communaux et ne doivent rien. Avons trouvé sur le rôle du taillon de 1666 38 habitans. Par la visite des maisons l'une après l'autre, nous avons remarqué y avoir 13 charrues complètes, entre lesquelles 4 1/2 possèdent et cultivent leurs héritages et les autres métayers ; 6 vignerons et le reste manœuvres. »

Merry-Sec. — « Duquel Fontenailles nous nous sommes acheminés au village de Merry-Sec, les habitans assemblés nous ont dit par Claude Millot, procureur fiscal, et François Godard, collecteur, que la paroisse est composée : de Merry-Sec et de Pesteau en partie (l'autre partie de l'Election de Tonnerre), de Pesteau, les Chocas, Colangeron, Grapoule et Bligny ; que Merry-Sec et Péteau avec les Drillons appartiennent à M. le comte de Courson, les Chocas, Colangeron, Grapoule et Bligny sont à la demoiselle Jeanne Chevalier, veuve de François de Marchand, et Pétau appartient à Nicolas Michaut, sergent d'Alpin, toutes lesquelles portions pouvant valoir 1,500 livres. Les dismes se lèvent au vingt-cinquième, tant en bled que vin, qui peuvent valoir 300 bichets par quart et 10 muids de vin appartenant au sieur curé ; le tiers des héritages est possédé par les habitants et les deux autres tiers par des étrangers. Les maisons y sont basties de pierre et couvertes de lave ; il y a dans la paroisse 95 habitans. Nous avons fait la visite de pot en pot et y avons trouvé 4 officiers, y compris le fermier, 22 charrues, dont 2 sont propriétaires, 15 manœuvres, 4 artisans, 1 bon vigneron et 3 vefves. Lesquels habitans nous ont paru fort pauvres et couchant la plupart sur la paille. »

Cussy. — « Gilbert Charbois, collecteur, nous a dit être paroisse, domaine, élection de Gien ; qu'il appartient au sieur de Faux, seigneur d'Estrisy ; que le disme se lève sur un canton de 25 l'un et en l'autre de 30, lequel appartient au curé d'Ouainé. Les terres sont à froment, méteil, seigle, orge et avoine. Il y a peu de vignes et d'héritages ; possèdent les habitans 25 ou 30 arpents qui sont chargés de rentes. Leurs maisons sont basties de pierres et couvertes en paille, n'ont aucuns communaux. Il y a 33 habitans, 4 charrues de métayers, 12 manœuvres, 5 femmes vefves et le surplus pauvres gens mendians leur vie ; lesquels habitans nous ont paru fort pauvres et sans meubles. »

Escolives. — « Le 28 nous nous sommes rendus d'Auxerre à Escolives. Les habitans assemblés, Mᵉ Marie Duru, notaire, et Denis Manchet nous ont dit que ledit lieu appartient pour la moitié à M. de Chastellux et l'autre moitié au sieur Loyset, avocat ; le disme au trentième vaut 30 bichets méteil, seigle, orge et avoine ; le pays est vignoble ; les terres sont sans valeur. Il y a encore Belombre qui dépend dudit lieu, qui appartient au sieur de Collanges, et la commanderie du Saulce, qui en dépend aussi.

« D'après le rôle y a 45 habitans ; nous avons visité les feux et y avons trouvé 1 bourgeois, 6 vignerons propriétaires, 3 charrues métayers, 14 vignerons tenant leurs vignes à rente, 8 manœuvres, 6 femmes vefves, et le surplus pauvres mendiant leur vie. »

Coulanges-les-Vineuses. — « M. Guy Pilleron, lieutenant, et Adrien Lessoré, au nom des habitans, nous ont dit que le lieu appartient à M. de Chastellux ; que le disme se lève au trentième, dont le tiers est au seigneur et les deux autres tiers à Madame l'abbesse de Saint-Julien d'Auxerre ; ne s'en lève aucune sur les vignes. La communauté doit 1,800 livres au sieur Faultrier, avocat, à la dame Cassin 4,000 livres. MM. de la ville d'Auxerre prétendent que ladite communauté leur doit 45,000 livres à cause de l'acquisition des després et courtages, et les habitans prétendent n'en rien devoir. Ils n'ont aucuns communaux. Le finage est presque tout en vignes, n'y ayant que 60 ou 80 arpens de terres de labour, desquelles terres et vignes les habitans ne possèdent qu'environ le tiers, lesquelles vignes consistent à environ 2,000 arpens, les deux autres tiers sont possédés par des particuliers d'Auxerre, Châtel-Sansois, Domecy et autres.

« Il y a 216 habitans imposés. Les maisons visitées, nous a apparu y avoir 3 officiers dont 2 sont aisés, 5 bourgeois dont un est commode, 2 chirurgiens, 1 sergent, 24 bons vignerons, 40 autres vignerons médiocres, qui possèdent quelques vignes en propre, mais pas assez pour les employer, lesquels nous avons trouvés assez commodément meublés suivant leur condition ; 78 vignerons manœuvres dont aucuns jouissent de quelque peu d'héritages à rente, lesquels nous avons trouvés sans meubles, la plupart couchant sur la paille ; 14 vefves de toutes façons, commodes, médiocres et pauvres, 3 artisans et 13 pauvres mandiant la plupart leur vie. »

Val-de-Mercy. — « Les collecteurs nous ont déclaré que le lieu appartient à M. de Chastellux, seigneur de Coulanges, le disme au trentième qui s'amodie 40 bichets au curé à qui il appartient ; point de disme sur les vins.

« Le lieu est situé dans un vallon, pays de montagnes, les terres sont de seigle, orge et avoine, dont les habitans en possèdent le tiers, le surplus est au seigneur, aux particuliers d'Auxerre et autres, de même la moitié des vignes qui consistent à environ 60 arpents ; une charrue peut cultiver 20 à 25 arpens de terre de chaque saison. La plupart des habitans ont une et deux tâches à eux, ne doivent rien et n'y a aucuns communaux. Nombre des habitans, 64, savoir un officier assez commode, 4 charrues dont 2 cultivent leurs héritages et les 2 autres sont métayers ; pour faire lesquelles charrues complètes ils s'associent deux habitans ensemble ; 4 cabaretiers, 2 bons vignerons, 10 autres vignerons qui possèdent quelques héritages à rentes, 23 manœuvres, 2 artisans, 1 munier, 11 vefves et 7 pauvres. »

Chitry. — « Le 30 dudit mois d'octobre, nous nous sommes transportés au bourg de Chitry, où estant, Me Prix Campenon, lieutenant en la justice et François Raoul, collecteur, nous ont dit que ledit bourg appartient entièrement à M. le marquis de Saint-Bris, partie dudit bourg est de l'élection de Tonnerre et l'autre d'Auxerre, la grande rue faisant la séparation ; le disme appartient au chapitre d'Auxerre pour les deux tiers et pour l'autre tiers au seigneur, lequel se lève de 15 gerbes l'une, et s'amodie 300 livres par commune année. Il n'y a point de disme sur le vin. Doivent en corps de communauté 3,000 livres. La plupart des habitans qui possèdent des héritages doivent des rentes aux habitans d'Auxerre. Il y a d'après le rôle 73 habitans imposés ; d'après notre visite nous avons trouvé 5 officiers dont il y a 3 de commodes, 6 bons vignerons, 12 autres médiocres et 22 manœuvres, 2 artisans, 11 vefves, 5 charrues dont 2 sont métayers, et le reste de plusieurs particuliers qui s'associent pour faire une charrue. Les maisons sont couvertes de paille dont beaucoup sont ruynées et d'autres désertes. Les terres y sont stériles. »

Saint-Cyr. — « Les habitans ont comparu devant Me Pierre Petit, lieutenant de justice, lequel nous a dit que la moitié de la seigneurie appartient à Me Jules de Gouffier et à dame Léonarde Angélique de Broillard, la sixième partie à M. de Granay et une autre partie à M. le chevalier de Senan. Le disme se lève à 20 gerbes l'une dans toute la paroisse, les deux tiers appartiennent au prieur et l'autre tiers au seigneur, qui peut valoir 750 bichets en tout ; les terres doivent 1 sol et les vignes 2 sols par arpent au seigneur. Ceux de la Croix-Pilate doivent le droit de tierce au seigneur de 9 à 11 gerbes ; il y a environ 200 arpents de vignes où il ne se lève aucun disme en espèce. La communauté doit en corps 1,800 livres et a pour communaux environ 200 à 300 arpens de bois en broussailles dont ils payent par feu 1 bichet d'avoine et 5 sols en argent. Le quart des héritages appartient aux habitans et les 3 autres quarts aux étrangers. Le gros bestial appartient aux maistres des héritages et le reste aux habitans. Les maisons sont couvertes de paille la plupart.

« Suivant le rôle de 1666, il y a 146 habitans ; et par la visite que nous avons faite de maison à autre nous avons reconnu qu'il y a 2 officiers, 20 charrues complettes qui labourent leurs terres, dont les uns ont une charrue, d'autres une demi et un quart ; 28 autres charrues de métayers dont quelques-uns façonnent des vignes à eux, n'y ayant trouvé que 2 ou 3 vignerons qui n'ont aucun labour ; 15 journaliers, 7 artisans, 1 hoste, 3 vefves et 13 pauvres. »

Quenne et *Nangis*. — « Claude Petitjean, l'un des habitans, nous a dit que ledit Quenne appartient au sieur d'Antiogue à cause de la dame sa femme, et Nangy-sous-Voye au sieur Bérault, éleu, et Rousselet, grenetier à Auxerre ; que le disme se lève de 20 gerbes l'une, qui est partie audit d'Antiogue, partie au curé, et sur les vignes il n'y a aucun disme. Les habitans ne possèdent que la sixième partie des héritages qui s'ensemencent de froment, méteil, seigle, orge et avoine. La communauté ne doit rien et n'a point de communaux. D'après le rôle de 1666 il y a 97 habitans.

« Visite faite de la paroisse, il y a 4 charrues et demie complettes de plusieurs particuliers qui s'associent ensemble pour le labour, 13 autres charrues aussy complettes qui sont gens métayers divisés en plusieurs particuliers et familles dont les uns une charrue entière, d'autres une demie et d'autres un quart, et aucuns cultivant quelques vignes avec leur labourage ; 12 vignerons propriétaires, 12 manouvriers, 5 femmes vefves entre lesquelles il y en a une aisée et 5 familles pauvres ; la plus grande partie desquels manœuvres et métayers nous avons trouvés couchant sur la paille. »

Venoy (retour de Quenne et séjour à Auxerre les 1er et 2 novembre 1666). — « Les habitans assemblés par Pierre Legage et Laurent Mine, qui nous ont déclaré que la paroisse de Venoy est composée de Venoy, La Chapelle, Montallery, La Brosse, Solayne et Egriselle ; La Brosse et Montallery ne font qu'un même finage qui appartient à l'élu Berault et Rousselet pour la moitié, la dîme de la paroisse appartient à l'abbé de Saint-Germain d'Auxerre et se lève de 20 gerbes l'une, chargé de 24 bichets de blé et autant d'avoyne envers le curé, et s'amodie 350 bichets par tiers. Quant aux vignes il ne s'y lève point de dismes. Les terres sont chargées d'un sol par arpent envers le seigneur. Les deux tiers des héritages sont possédés par des étrangers et l'autre tiers par les habitans. Les métayers tiennent leur bestail à bail de leurs maistres et les autres les possèdent en propre. Les terres sont à méteil, seigle et aveyne ; 1 charrue laboure 20 arpens de chaque saison. Point de communaux.

« La terre de Solayne appartient à Olivier Le Prince

pour la moitié, et l'autre moitié à Pierre Chalmeau et au sieur Lalouat. Les habitans possèdent environ le quart des héritages tant terres qu'en vignes, dont parties sont chargées de rentes.

« Egriselles appartient à M. Rouzault, conseiller au parlement de Paris ; les habitans possèdent environ la cinquième partie des héritages ; les terres sont propres à froment, méteil, seigle, orge et aveyne ; il y a des vignes appartenant pour la plus grande partie à des particuliers d'Auxerre.

« La Chapelle appartient à Philippe de Drouas, sieur de Curly ; le disme est de 2 gerbes par arpent, point de disme sur les vignes sinon 6 deniers par arpent et ensemble sur les autres terres envers le seigneur, lesquelles terres sont à froment et méteil de peu de rapport, le disme au sieur abbé de Nanteux, prieur de Saint-Gervais ; ne possèdent les habitans que la huitième partie de leurs héritages, le surplus étant possédé par les religieux de Notre-Dame-la-d'Hors et autres.

« Sur le rôle de 1666 il y a 137 habitans imposés ; en procédant à la visite des maisons il nous a paru qu'il y a 50 charrues complettes dont 20 sont propriétaires et les autres sont métayers divisés en plusieurs familles s'associant 2 ou 3 pour faire une charrue ; 6 vignerons propriétaires, 7 manœuvres et 14 vefves. La plupart des habitans nous ont paru commodes et en assez bon état.

Monéteau. — « Le 4 novembre nous nous sommes acheminés au Petit-Monéteau, auquel lieu Nicolas Grand, collecteur, nous a dit que la paroisse appartient à M. Colbert ; le disme de grains est au chapitre d'Auxerre et au vingt-quatrième. Les terres sont à tous grains, sur la rivière d'Yonne, moitié de l'élection d'Auxerre et de Tonnerre. Les habitans possèdent partie de leurs terres, aucuns communaux, ne doivent rien. Le gros bestail des métayers est à leurs maistres, ayant seulement quelques chevaux en leur propre. Il y a 43 habitans de l'élection d'Auxerre imposés. — Visite des maisons : 6 bons laboureurs, ayant leur charrue ou faisant labourer par leurs vallets, 3 desquels sont bourgeois ; 1 hoste commodément meublé, 2 vignerons propriétaires de leurs héritages, 13 manœuvres, 4 charrues 1/2 de métayers en plusieurs maisons, 1 vigneron médiocre, 1 cordonnier et 4 vefves. »

Saint-Georges. — « Ladite paroisse appartenant au sieur Fernier, lieutenant-particulier à Auxerre, comme engagiste du Domaine. Le disme se lève de 20 gerbes l'une et vaut environ 50 bichets, qui appartient tant au curé qu'aux abbayes Saint-Germain et Saint-Marien. Pour les vignes il ne se lève aucun disme, mais chaque arpent doit 6 deniers de cens ; le finage est possédé pour la plus grande partie par ceux d'Auxerre, les habitans en possèdent peu. Ils ont environ 40 à 50 arpens de pasturages, pour raison de quoy chaque feu paie 3 s. La communauté ne doit rien. — 64 habitants imposés. — Visite de la paroisse par feu : il nous a apparu y avoir 1 bon bourgeois propriétaire d'une métairie qu'il fait valoir ; 20 charrues complettes dont 6 sont propriétaires divisées en plusieurs familles, 14 charrues de métayers, tant en charrue entière que demy et quart de charrue, 5 vignerons qui cultivent leurs héritages, 25 vignerons manœuvres dont il y en a quelques-uns qui ont des héritages à rentes, 2 artisans et 7 femmes vefves. »

Perrigny. — « La paroisse appartient à Nicolas Tribolé, lieutenant criminel, et Dominique Tribolé, depuis six ans, qui s'amodie 560 liv. en argent et 180 bichets de grains. Le disme se lève de 16 gerbes l'une qui vaut 300 bichets, dont le tiers est au curé et les deux autres tiers aux religieux de Saint-Germain. La communauté possède environ 350 arpens de bruères pour le pasturage du bestail, les terres sont propres à tous grains, qui appartiennent la plupart aux habitants d'Auxerre. En 1666 il y a 38 habitans imposés. Par la visite que nous y avons faite dans toutes les maisons nous y avons reconnu 1 bon laboureur ayant une charrue à luy et des vignes, logé commodément, l'autre ayant demie charrue à luy, et 15 charrues de métayers divisées en demy et quart, 2 bons vignerons, 1 autre médiocre et 10 vignerons manœuvres. »

La Villotte. — « Le 5° de novembre 1666, nous avons esté en la paroisse de La Villotte, auquel lieu Barthélemy Vigoureux et Louis Fremion nous ont dit que ladite paroisse appartient à M. de Grave ; que le disme se lève à

20 gerbes l'une qui est au curé, et pour le vin il n'y en a point. Les terres sont à seigle et méteil dont les 2/3, aussi bien que les vignes, sont aux habitants d'Auxerre, et l'autre est aux habitants de La Villotte. Les maisons sont basties de pierres et couvertes de paille. La communauté ne doit rien et n'a point de communaux. Il y a 64 habitants d'après le rôle. Ayant visité ladite paroisse de pot en pot, il nous a paru qu'il y avoit 11 charrues complettes, desquelles moitié laboure les héritages de deux habitants de la paroisse, les autres sont métayers et quelques-uns d'iceux possèdent des héritages à eux ; 2 bons vignerons cultivant et faisant cultiver leurs héritages, 9 autres vignerons médiocres, 25 journaliers, 1 artisan, 2 vignerons et 4 pauvres. »

Villefargeau. — Les habitans étant assemblés, M. Vielot, lieutenant, nous a dit que la paroisse appartient à M. de Grave ; que le disme se lève de 20 gerbes l'une, qui appartient au curé et s'amodie 120 bichets par commune année par quart ; outre lequel disme il se lève encore un droit de terrage sur les terres et vignes de 27 l'un, plus le droit de fouage de 2 sols 6 deniers par feu, outre que chaque vache doit 10 sols et chaque brebis un sol. Les héritages appartiennent tant au seigneur qu'aux habitans d'Auxerre, à la réserve de quelque peu qui est à aucuns de ceux dudit Villefargeau. Il y a aussi une prairie qui appartient au seigneur auquel ils doivent deux corvées par habitant. Les terres sont à seigle, orge et avoine ; pays bas, propre au nourrissage. Les maisons sont basties la plupart en bois, couvertes de paille. La commune ne doit rien et n'a aucuns communaux. Il y a 64 habitans, Ensuite avant visité ladite paroisse de maison à autre, nous y avons trouvé 7 laboureurs desquels 2 cultivent leurs héritages, 1 officier du seigneur et sa belle-mère commodément logés chez eux, les autres charrues estant métayers, 2 bons vignerons, 8 autres vignerons médiocres, 19 journaliers, 5 femmes vefves, entre lesquelles 2 sont assez aisées et 2 pauvres. Ayant reconnu que lesdits métayers, vignerons médiocres et journaliers sont fort pauvres, n'ayant aucuns meubles, couchant la plupart sur la paille. »

L'enquête se termine là le 5 novembre, et de retour à

Auxerre, les commissaires ayant dressé leur procès-verbal, quittent cette ville le 9 pour retourner à Dijon où ils arrivèrent le 12 du même mois.

IV.

Résumé du procès-verbal de visite. — Aspect général des villes et des villages en 1666.

Les commissaires des élus commencent, comme on l'a vu, leur opération par l'examen des rôles d'impôt, puis ils continuent par la visite des maisons une à une, dans le chef-lieu et dans les villages. Ils consacrent huit jours à Auxerre, parcourent les douze paroisses, mais il n'est pas possible qu'ils aient pu visiter toutes les maisons, les rôles de chaque paroisse leur ont facilité la besogne. Quoiqu'il en soit, on voit dans le procès-verbal le tableau axact de la population de cette ville. Les paroisses riches sont déjà celles de Saint-Regnobert, Saint-Eusèbe, Notre-Dame-la-d'Hors. Celle de Saint-Loup a 40 maisons ruinées, celle de Saint-Amatre a été brûlée par un incendie qui a détruit 30 maisons, et enfin, celle de Saint-Père-en-Vallée présente le plus triste tableau, il y a 38 maisons ruinées et 5 inhabitées, les maisons presque toutes en bois ; c'est la seule paroisse où il y a des pauvres vignerons chargés de famille, sans meubles et couchant sur la paille.

Les commissaires commencent leur tournée rurale par Seignelay, un bourg qui se ressent des faveurs de son nouveau seigneur, le grand Colbert, qui avait acheté cette terre en 1663. C'était heureux pour les habitans dont une grande partie des maisons était étayée et contre lesquelles il y avait des appentis pour abriter le bétail. Le reste des maisons était reconstruit à neuf.

L'impression générale des commissaires dans les villages c'est qu'il y a beaucoup de maisons ruinées ; les toitures sont tantôt en tuiles, tantôt en paille, ce dernier genre de couverture, universel autrefois, qui était économique et tenait chaud l'hiver, mais qui était cause de terribles incendies. L'intérieur des maisons varie à l'infini. Telle village comme Migé où les laboureurs en partie « des métayers, vignerons et artisans, les commissaires ont trouvé loges et meublés assez commodément suivant leur condition. » Tel bourg comme Coulanges-sur-Yonne, Mailly-le-Château, Beaumont, Augy, qui ont un air d'aisance; d'autres au contraire, en grand nombre, ont encore l'aspect de ruine de la visite de 1597. Les manœuvres et les pauvres qui couchent sur la paille sont nombreux. Cette marque de pauvreté était cependant relative, car dans les siècles du moyen-âge les maisons les plus riches n'avaient guère d'autres meubles que des coffres, et les ducs de Bourgogne eux-mêmes faisaient coucher les officiers dans les salles de leurs châteaux sur la paille fraîche, qu'on renouvelait à chaque nouveau séjour des visiteurs (1).

Des incendies avaient dévoré plusieurs villages depuis peu d'années, comme à Arcy, 60 maisons en 1663 ou 1664; à Courson, le bourg avait été brûlé deux fois en 1655 et 1662; à Auxerre 30 maisons du faubourg Saint-Amatre brûlées 15 ans auparavant.

Propriété du sol. — Les déclarations portent que le tiers ou le quart du territoire appartient aux habitans des villages, et le reste aux seigneurs ou à des particuliers d'Auxerre et à des petites villes voisines. Cet état de choses remontait aux temps primitifs du moyen-âge, lorsque la féodalité constituée établit les seigneurs propriétaires du sol qu'occupaient les serfs et les colons, et soumit ces deux classes à des redevances fixes en argent, en nature et en corvées sur les terres qu'ils cultivaient. L'affranchissemont successif des serfs amena dans la situation de leurs propriétés des modifications profondes; par suite des accords faits avec leurs seigneurs ils affranchirent en même temps leurs terres dont ils purent disposer ensuite à leur gré, et ils ne furent plus chargés que de redevances annuelles et d'un denier de cens par arpent, signe de l'antique origine du droit seigneurial.

Culture des céréales; de la vigne; mode d'exploitation.—

(1) Archives de la Côte-d'Or, B, Comptes des châtellenies ducales.

Les céréales cultivées dans le comté sont le froment, le méteil, le seigle, l'orge et l'avoine. Le froment n'est pas cultivé dans plus de huit paroisses (1).

On a remarqué cette décroissance de la culture du froment dans nos contrées au XVIIe siècle, tandis qu'avant les guerres civiles il était cultivé presque partout. La cause en était venue de la diminution du bétail et, par suite, du défaut de fumier pour alimenter les terres à froment.

La vigne est cultivée principalement dans les lieux où elle l'est encore aujourd'hui et où elle l'est depuis un temps immémorial. Citons Auxerre, Coulanges-les-Vineuses, Escolives, Seignelay, Saint-Bris (2), Cravan, Vermanton, Migé, etc. Les habitants possèdent, comme pour les terres, la propriété d'une partie des vignes.

La culture du sol arable présente des usages divers : tantôt il y a dans le village des propriétaires qui possèdent une charrue, d'autres qui s'associent pour labourer à deux avec deux juments ; tantôt la propriété appartient aux laboureurs, tantôt ceux-ci sont métayers de propriétaires d'Auxerre et d'autres lieux. D'autres terres sont chargées de rentes foncières envers des étrangers au pays ou des seigneurs.

Bétail. — On distingue le gros et le petit bétail : le gros sont les bœufs et vaches, le petit les moutons. En certains lieux les habitants possèdent leur bétail sans charges, dans d'autres et en grande partie, le bétail est à cheptel (3).

Communaux. — Un certain nombre de communautés d'habitans possèdent des communaux formés tantôt de friches, terres incultes et broussailles. Les communaux ont été donnés par les seigneurs lors de la fondation des communautés d'habitans pour leur chauffage et le pâturage de leurs bestiaux. Les bois sont coupés et les pièces de charpente servent à la construction des maisons.

La dîme. — L'impôt en nature connu sous le nom de la

(1) Seignelay, Fouronnes, Cussy, Quennes, Egriselles, Monéteau, Perrigny, Fontenailles.

(2) 1200 à 1300 arpents de vignes.

(3) Le cheptel est un bail de bestiaux par un propriétaire à un laboureur, à charge de lui en rendre un produit déterminé par le contrat.

dîme *décima*, parce qu'il était fixé dans l'origine au dixième, remonte à une haute antiquité et servait à payer l'entretien du curé de la paroisse, à l'exemple de la dîme des Hébreux. Le taux au dixième étant fort élevé, fut modifié par la suite, et la dîme fut fixée à des chiffres différents selon les traités particuliers entre les habitans et les curés. Par suite de circonstances locales des usurpations féodales, les seigneurs s'emparèrent quelquefois des dîmes, d'autres fois les habitans refusant de payer la dîme au taux nominal du dixième des transactions eurent lieu et en amenèrent la réduction d'une manière sensible. Nous ne voyons plus dans l'enquête de 1666 que des dîmes du quinzième descendant même jusqu'au trente-sixième et divisées entre le seigneur et le curé. La perception de la dîme avait lieu sur toutes les céréales et les vignes, au pied du champ ou de la vigne, par le dîmeur ou son agent, ce qui amenait souvent des débats entre celui-ci et le propriétaire de la récolte, et qui a rendu cet impôt impopulaire. Il avait ce bon côté, c'est qu'on ne payait qu'à proportion de la récolte, et que s'il n'y avait peu on payait peu, s'il y avait rien on ne payait rien, tandis que, aujourd'hui, l'impôt foncier élevé ou non ne diminue pas. Dans quelques lieux la dîme de vin était remplacée par une redevance de 1 sol par arpent de vigne, en vertu d'un contrat fort ancien et datant d'un temps où le sou était d'argent.

On remarque que dans le comté d'Auxerre un certain nombre de paroisses ne payaient point de dîmes de vin. Cette précieuse exemption dont la cause est inconnue se voit notamment à Migé, Auxerre (1), Coulanges-la-Vineuse, Val-de-Mercy, Chitry, Saint-Cyr, Quennes, Venoy.

Il était encore dû un droit de terrage sur les terres nouvellement défrichées et payé au seigneur.

Un impôt propre à la cote d'un denier par arpent était

(1) En 1786, le prieur de Saint-Amatre de cette ville éleva la prétention inouie d'exercer des droits de dîmes sur les héritages de sa censive, et particulièrement sur les vignes. Un procès au Parlement s'en suivit, soutenu par la ville qui le gagna. Le prieur fut débouté, et les habitants, à la nouvelle de leur succès, firent des feux de joie dans tous les quartiers. (Chardon, *Histoire d'Auxerre*, t. II).

dû au seigneur foncier ; c'était le signe féodal original rappelant la concession primitive faite à chaque habitant par le maître de la terre.

Bienfaits de Colbert à Seignelay. — Le grand ministre de Louis XIV avait acheté la terre de Seignelay en 1663, et aussitôt il y porta son esprit réformateur. Frappé de l'état misérable du bourg qui se ressentait comme les autres paroisses du comté d'Auxerre des suites des guerres du passé, il entreprit d'y établir des industries pour donner aux habitans du travail et du bien-être. Il y créa des manufactures de serge et de soie, et de draps pour les armées, qui employaient jusqu'à 700 ouvriers, et un haras. Le château et le parc furent embellis et développés. Il faut voir dans l'historien de Seignelay (1) la relation de ces belles fondations. Nous y ajouterons quelques détails puisés dans la déposition de François Gouffier, procureur de la communauté de Seignelay, qui parle au nom des habitans et témoigne de leur reconnaissance (2).

« La baronnie de Seignelay appartient à M. Colbert, conseiller du conseil royal, ministre d'Estat, lequel, depuis qu'il avoit acquis ladicte baronnie, n'avait espargné aucune chose pour tirer la paroisse de Seignelay de la misère et pauvreté ; que nous pouvions recognoistre par la plus grande partie des maisons qui ne sont soutenues que par des fourches, joignant lesquelles il y a des apentis couverts de paille pour abréger le bestail ; que le reste des maisons estoit nouvellement restabli, ainsi que nous le pourrions reçognoistre par notre visite ; que ledit seigneur en ayant appris que ladicte paroisse estoit débitrice à la recepte de M. Etienne Piretouy (3) des années 1655, 1656, 1657, luy fit payement de tout ce qui luy estoit deub, pour éviter les contraintes, et qu'ensuite l'une des années ayant esté payée audit Piretouy, il en avoit fait don à l'église, l'autre année estant tournée au proffit singulier de tous les habitans ; qu'ensuite ledit seigneur avoit fait paver deux grandes rues à ses frais, et

(1) Henry, *Mémoires historiques de la ville de Seignelay.*

(2) Procès-verbal d'enquête de 1666 ci-dessus.

(3) Piretouy, receveur des tailles du comté.

establir audict Seignelay les manufactures des draps de Berry, d'autres draps ou laynes d'Espagne et autre de soye et de layne qui employe deux cents personnes du moins, ainsi que nous le reconnoistrons par notre visite. »

Après le seigneur bienfaisant voici le portrait du baron féodal d'autrefois qui ne connaissait que la force et l'arbitraire : c'est le seigneur de Saint-Cyr, Jules de Gouffier, comte de Caravas, qui enlevait aux habitans leurs récoltes et leurs bestiaux. Ces façons d'agir, souvenirs des temps de guerre civile, ne se voyaient plus alors que dans les pays inaccessibles tels que l'Auvergne (1), le Velay, etc., et c'est la seule plainte des habitans contre leurs seigneurs signalée dans l'enquête. Ce récit rappelle les mesures terribles prises par Louis XIV contre les seigneurs tyranneaux retranchés dans leurs châteaux forts au milieu des montagnes de ces pays, et bravant par leurs violences envers les paysans la justice royale qui restait impuissante.

Les commissaires étant presqu'à la fin de leur tournée dans le comté, arrivent à Saint-Cyr-les-Colons le 30 octobre, et après leur enquête accoutumée, ils reçoivent de plusieurs habitans les plaintes les plus graves contre le seigneur de Saint-Cyr, Jules de Gouffier. En voici le résumé :

« A comparu Jeanne Laubry, femme d'Edme Rollin dudit Saint-Cyr, laquelle nous a fait plainte que le seigneur dudit lieu s'entremettait dans la jouissance des héritages appartenant à son mary et à elle qui consistent en 3 journaux de terre, despuis 4 ou 5 ans ; qu'il avoit fait prendre par ses vallets des bois de service qu'ils avoient pour accommoder leur maison, et qu'il leur a fait enlever trois bestes de traict l'année dernière, dont il a fallu donner 9 livres pour les retirer ; qu'il bat et outrage lesdits habitants lorsqu'ils leur refusent de faire une corvée par semaine. »

« Marie Pichenotte dudit lieu nous fait même plainte. »

(1) Fléchier, dans son livre intitulé les *Grands jours d'Auvergne* a raconté en détail la repression des abus commis par les seigneurs de ce pays, par les commissaires envoyés par le Roi.

« Laurent Arpé a déclaré que le seigneur luy détenoit un arpent de vigne, luy a enlevé une charrue, pris des meubles à rançon, rompu les portes de sa grange pour emporter le foing de chez luy. »

« Léonard Arpé a déclaré que ledit seigneur luy a enlevé depuis trois ans les fruits de trois quartiers de vigne, nonobstant que par sentence du bailliage il ayt esté dit qu'il en jouissoit par provision, laquelle sentence il nous a représentée datée du 24 septembre 1664 ; luy a encore enlevé un muids plein d'avoyne et semé un arpent de terre d'avoyne, qui est audit Arpé ; luy a aussi fait enlever par un sergent un bœuf de trait qu'il luy a gardé 17 jours dans sa cour, et pour le retirer il a payé 12 livres audit sieur, le lieutenant luy ayant refusé justice. »

Le seigneur de Saint-Cyr n'en était pas à son coup d'essai, et nous nous rappelons avoir vu autrefois une plainte portée contre lui parce qu'il avait arrêté sans motif un habitant du village et l'avait fait enfermer sous un cuvier.

Chiffre des feux d'après les procès-verbaux de 1597 et de 1666.

Le recensement de la population n'existant pas à l'époque que nous étudions, il faut avoir recours pour la connaître aux rôles des habitans imposables seulement, mais qui ne contiennent pas les membres du clergé ni de la noblesse non plus que la classe des exempts qui était plus ou moins nombreuse. Les procès-verbaux de visites du comté en 1597 et en 1666 nous fourniront les documents de cette statistique.

On comptait autrefois par feu le chiffre des habitans. Le *feu* n'est pas un terme de valeur absolue. Suivant les auteurs on compte par feu 4 ou 5 individus, c'est-à-dire le père, la mère et 2 ou 3 enfans. Nous prendrons le chiffre le plus élevé, c'est-à-dire cinq individus par feu pour base de nos calculs de la population, et nons croyons être plus près de la vérité que par le chiffre 4, étant donné les exempts qui sont en dehors du nombre total des habitans. Ainsi Auxerre : 2,400 feux en 1597 représenteraient 12,000 habitans en 1887, et ainsi des autres lieux.

	NOMBRE DE FEUX en 1597.	NOMBRE DE FEUX en 1666.
Auxerre	2400	2331
Arcy-sur-Cure	135	170
Augy	53	75
Beaumont	118	88
Chemilly	»	43
Chitry	111	73
Coulanges-la-Vineuse	189	214
Coulanges-sur-Yonne	136	200
Courson	116	179
Crain et Misery	76	126
Cravan	372	333
Cussy	37	33
Escolives	41	45
Festigny	31	40
Fontenailles	21	38
Fontenay	21	41
Fouronnes et Asnus	73	97
Gurgy	85	79
Lucy-sur-Cure	29	42
Mailly-le-Château	168	176
Mailly-la-Ville	130	145
Merry-Sec	65	95
Merry-sur-Yonne	116	124
Migé	208	170
Monéteau-le-Petit	37	43
Montigny	119	113
Mouffy	43	46
Perrigny	25	38
Quennes et Nangis	134	97
Saint-Bris	464	397
Saint-Cyr	112	146
Saint-Georges	50	64
Sainte-Pallaye	29	54
Seignelay	208	197
Sery	21	54
Souilly et Fouchères	22	14
Val-de-Mercy	28	64
Venoy	144	137
Vermanton	310	464
Villefargeau	69	64
Villeneuve-Saint-Salve	21	27
Villotte (la)	36	64
Vincelles	49	48

MAX. QUANTIN.

www.ingramcontent.com/pod-product-compliance
Lightning Source LLC
LaVergne TN
LVHW052150080426
835511LV00009B/1777

* 9 7 8 2 0 1 1 2 7 6 5 2 0 *